臨床心理学 21-4（通巻124号）

JN087349

［特集］トラウマ／サバイバル

[特集] トラウマ／サバイバル

トラウマ／サバイバルをめぐる断想

大嶋栄子 Eiko Oshima

特定非営利活動法人リカバリー

Ⅰ　ある日のグループワーク
——トラウマというフレームからの光景

　私が主宰する法人では，昨年より新型コロナウイルスの感染拡大を背景に，グループワークのほとんどがオンラインで行われるようになった。週に一度,テキスト（付記参照）を用いて依存症（アディクション）のプログラムを実施しているが，先日，第5章「薬物・アルコールと"トラウマ"はどう関係するのでしょう？」を取り上げた。日本ではアルコールをはじめとする依存症臨床において，長く中年男性がその中心的治療対象であったが，医療機関等で行われる心理社会教育にトラウマが取り上げられることは皆無と言って良い。一方，欧米における特に女性依存症に関する研究では，発症の背景に多くのトラウマ体験や不適切な養育がみられるという指摘がなされてきた。日本でも近年になってようやくそうした知見を反映させた治療プログラムの研究および開発に着手されたところで，使用するテキストの開発に関わってきた一人としては，特別な気持ちでグループに臨んだ。

＊

　グループの参加者には，これまでテキストを順番に進めてきたが，第5章と第6章は難しいところなので最後に取り上げるとアナウンスしていた。いつものようにチェックインを済ませると，冒頭にそれを再度伝えた。参加者によっては不安な気持ちや居心地の悪さがやってくるので，飲み物と自分がほっとする何かをまずは準備してから始めようと画面越しに呼びかけた。法人の支援対象は「さまざまな被害体験が背景にある，精神疾患あるいは障害を抱える人」であり，全国から利用者が集まる。被害体験の多くは，親密な関係の人から受けた（あるいは目撃した）暴力を経験している。

　自分の体験したことがらをトラウマというフレームで見ていき，そして生活のなかでどのような困りごとがあるかをシェアして，最後にトラウマについて語ること／語らないことについて取り扱うのがテキスト第5章の内容だ。

　参加者はそれぞれに自分の"相棒"を画面に映し出してくれた。いかにも使い込まれた感じのぬいぐるみや，生きている猫もいた。昨年の夏，法人は利用者に対して「言葉の石」というアートワークショップを実施した。自分を落ち着かせる言葉を選び，手のひらに収まるサイズの石にペイント

していくというものだ。ワークショップの最後にはミーティングを行い，参加者が自分の選んだ言葉を紹介しながらその理由を述べ，最後にこちらから，グラウンディングとしてどのように使うと良いかを紹介して終えた。グループワークではその時のことに触れ，携行用には「言葉の石」が役に立ってくれると思うと伝えた。

テキスト本文の読み合わせ後に，トラウマという言葉から想起されることについて簡単に触れてもらい，次にトラウマ体験と症状のチェックリストを実施した。トラウマから想起されるものは自分ごとでなくてもよいと伝え，口火を切って，私はイスラエルのガザ地区における爆撃に関する短い想起を述べてみた。しかし，ある程度予想してはいたが，ほぼ全員が自分に起こったことを想起した。そしてチェックリストのワーク後に，何を感じたか短くフィードバックしてもらったところ，いかに自分がそのことを考えないように普段生活しているかに気づいたというコメントが多かった。また，思っていた以上に多くの参加者がワークをやってみて「気持ちも身体もしんどい」と答えた。私からは彼女たちの表情が次第に固くなり，"相棒"を抱き抱え，飲み物を頻回に摂る姿が見えていた。

なかには，淡々とワークに取り組み「みんなのように，辛いとかしんどいがわからない」と述べる参加者もいる。長い間，ネグレクトを体験してきたので，彼女にとってそれが日常であり感情を伴うことはなくなったという。「感覚が麻痺している」――そう自分でも認識していた。

グループワークのなかで印象的な発言があった。彼女は，トラウマ体験も，症状も，自分にあてはまるものはなかったとフィードバックしたのだが，次のように付け加えた。

「でもトラウマという言葉は，いつも自分の近くにあるように感じます」

彼女はなぜ違法薬物を使用しなくてはいけな

かったのだろうか。これまで一緒にその問いに取り組んできたが，私は決して彼女が立っている場所へは近づけない感じがしていた。しかしこの言葉を聞いたとき，一瞬だけ霧が晴れ，彼女の姿が見えたような錯覚に陥った。彼女は険しい崖の上に立っていた。

II　トラウマ／サバイバルのフィールドノート

日本においてトラウマが広く人々の間で知られるきっかけとなったのは，1995年の阪神・淡路大震災であるという認識は，多くの研究者，そして臨床家に共有されていると思う。誰もが，ひしゃげて崩れ落ちた高速道路の橋脚，押し潰されて重なり合う住宅が炎に包まれる映像から目を背けたい気持ちを抱くと同時に，目を離せなかったのではないだろうか。そして2011年に，私たちはそれを再び東日本大震災というかたちで体験した。誰が犠牲になり誰が生き延びるかは，神の領域というしかないが，そのような場合でさえ，自ら被害に遭いながらも喪った人に何かができたはずだという罪悪感は長く続く。

このように単回の災害，あるいは事故などによってトラウマを負う人へのケアに関して，日本でも多くの研究が積み重ねられてきた一方，成長過程における養育者からの暴力などに代表される長期反復的な虐待，あるいは不適切な養育を体験することが，どのような困難性を帯びるのか，私たちはまだ十分にその理解を深めてきたとは言い難い。「複雑性PTSD」を提唱したHerman JLは『心的外傷と回復』のなかで，「心的外傷を研究することは，自然界における人間の脆さはかなさを目をそむけずに見つめることであると同時に，人間の本性の中にある，悪をやってのける力と対決することである」と述べる（ハーマン，1996［p.3］）。援助者が思わず耳を覆いたくなるような語りと出会う際に，それを聞き逃すことなく，しかもその痛みのほんのわずかでも引き受けようとすることは，言葉で言うほど容易ではない。

Hermanの提唱から20年以上の年月を経

て，2018年，世界保健機関による診断基準である ICD-11 に複雑性心的外傷後ストレス障害（Complex Posttraumatic Stress Disorder : CPTSD）が収載されることになった。鈴木・牧野（2020）によれば，CPTSD の診断では「複雑な心的外傷」を必須とするが，Herman が「全体主義的な支配下に長期間従属した生活史」と述べ，具体的例として人質や捕虜，強制収容所，カルト宗教，虐待，組織による性的搾取などを挙げているのに対し，ICD-11 では「極度の脅威や恐怖を伴い，逃れることが難しいか不可能と感じられる，強烈かつ長期間にわたる，または反復的出来事」としている。そしてここでいう"極度の脅威や恐怖"を感じて"逃れることが難しいか不可能"と考えるのは，当事者による主観的な側面からであるという点にこれまでの診断基準との大きな違いがある。こうした「複雑な心的外傷」の定義は，被害者支援・難民支援といった領域で使用されやすいように設計されているという。しかし同時にそれらは訴訟とも不可分ということから，日本への導入は社会に与える影響も大きく，構造化面接の使用から関連した情報を体系的に収集することで，CPTSD の過剰診断を防ぐことが考えられるのではないかと鈴木・牧野（2020）は指摘している。

またCPTSD では，PTSD の診断要件である再体験，回避，持続的な脅威知覚に加えて，自己組織化の障害が加わった。具体的には，①感情制御困難（感情反応性の亢進，暴力的な爆発，無謀な自己破壊的な行動，ストレス下での遷延性解離，情動麻痺および喜びまたは陽性感情の欠如），②否定的自己概念（自己の矮小感，敗北感，無価値観などの持続的思い込みで，外傷的出来事に関連する深く拡がった恥や自責感をともなう），③対人関係障害（他者に親密感をもつことの困難，対人関係や社会参加の回避，関心の乏しさ）が挙げられる（飛鳥井，2019）。これらはパーソナリティ障害をはじめ，精神病性障害，気分障害とも非常に関連が深く，それぞれの診断技術を駆使してCPTSD との異同，あるいは併存を見ていく必要

があるだろう。鈴木・牧野（2020）は，PTSD が外来診療で過小診断されがちであるだけでなく，入院例や精神病性障害を併存する例では，特に見過ごされやすいことが明らかになっていると述べている。

その意味でトラウマインフォームドケア（Trauma Informed Care : TIC）という視点が，近年，大きな関心を集めている。幼少期からの反復的な虐待をはじめとする逆境体験の重なりのなかで，子どもたちが当然の反応として見せる問題行動と呼ばれる現象の重層性に目を向け，「理解して関わる」ことでトラウマの再演化を回避しようとする援助者側のアプローチである。本特集では野坂（2021）が，子どもたちが負わされる傷の再生を，社会の傷つき／再生との関係のなかで論じている。そして TIC は子どもだけでなく，大人の臨床場面においても重要なものとして認識が広まっていることも注目される。

また新型コロナウイルス感染拡大による社会生活の大きな変化は，新たなトラウマ体験として認知されつつあるが，臨床場面にも変化をもたらした。そのひとつがオンラインによるカウンセリングという手法だ。本特集のなかで中野（2021）は，画面を通したトラウマ被害者支援における「トラウマにふれる」敷居を下げる側面，つまりオンラインの欠点とされてきた身体性を欠いた二次元の存在が，むしろ被害者の領域を侵害しない可能性について述べている。

CPTSD は当事者にとっては逃れようがないと思わされてしまう，強烈でしかも反復的な心的外傷体験だが，さらに加害者との関係についても目を向けないわけにはいかない。なぜなら，「加害の責任をとる」とは，古藤（2021）が述べるように，加害者側が一方的に反省する，あるいは暴力を認めることではなく，被害者との協働構築によって生成されるものだからである。再発防止のためのグループワークでは，加害者自身の暴力被害や逆境体験による影響を無視はしないが，自身の暴力行為をトラウマ反応として矮小化もしない。日本

では加害に対する説明，謝罪，再発防止という3つの責任を科すシステムが少ないなかで，DV加害者グループの実践は被害者支援という観点から重要な位置を占める。

坂上香は映画『プリズン・サークル』のなかで，矯正施設における TC（Therapeutic Community：治療共同体）プログラムを通して，「訓練生」と呼ばれる男性受刑者が自分の傷と向き合う場面を多く描いた。映画では，砂絵が彼らに起こっていた多くの暴力を浮かび上がらせては消えていく。坂上（2020）は，彼らが語ることは私たちの社会で起こっている現実であり，彼らが TC のプログラムを通して自らの痛みを語りそれを引き受けていくことは，罪に向き合う必須条件だと述べる。そして語りには常によき "聞き手" と，語りへの応答が重要だ。かつてその体験を共有した者たちは矯正施設を離れた後，どのように応答を続けていくのか，そして応答を途切れさせないようにと彼らを動かすものは何か。本特集で坂上（2021）は，彼らのなかに育まれた関係性に着目しながら，そのサバイバルについて述べている。

III　傷（ついた人たち）にふれる

これまでトラウマを負う人へのケアが論じられる際に，当然ではあるがエビデンスに基づいた治療法の選択（岩井，2020）やその紹介，そして当事者（あるいは家族や友人など，近くにいて影響を強く受ける人たち）の治療転帰などが，症例というかたちで語られることが多かったように思う。しかしここでは現在のトラウマをめぐる状況を少し広角に捉えながら，社会的構造や格差との関連においても論じてみたい。

私は精神科臨床でアルコールや薬物などへの深いのめり込み，いわゆるアディクション問題と出会ったことから，発症の背景にある当事者の深いトラウマに触れることとなった。大学を卒業し，統合失調症の人が精神科病院から地域生活へ移行していく手伝いをしたいと，意気込んで精神科臨床に入ったが，医師を頂点とした医療ピラミッド

を前に無知で無力な自分がいた。そういう時期に異動で依存症専門病棟を担当することになるが，当時の私は彼らを「多くの問題を抱えながら自分の現実を認めようとせず，時には家族に暴力をふるう困った人」と捉えていた。そして，"これだけ迷惑をかけたのにまだ止められないなんて，なんと意思が弱いのだろう" と思うような，まさに "スティグマまみれの援助者" だった。

そのなかに，わずかだが女性がいた。なぜ彼女たちはそれほどまでに飲む（使う）のだろうか──不思議に思って生活歴を辿って聞くなかで，幼少期からの虐待や性被害，そして親密な関係における多くの暴力という体験を重ねてきたことを知った。しかしそこから離れることはできなかったのだろうか，あるいは誰かに相談することは考えなかったのか。先述した CPTSD を構成する自己組織化の障害は，こうした援助希求を否定していく。それだけでなく，女性がこの社会で置かれている立場の低さ，扱われ方における不平等は，繰り返し行われるトラウマ体験のなかで何度も味わうことで強化され，自責感や恥，無価値感として内面化される。やっとのことでアディクションがもたらす "酔い" を手放しても，今度は女性が経済的に安定した収入を得て自立していくこと，周囲の人から女性であることを理由に軽んじられずに尊重されるといった，男性には意識されることすらないような当たり前のことが，女性の場合には困難であるという現実に直面する。

アディクションの酔いがもたらした痛覚の鈍麻はやがて日常を蝕み，生き延びるための方法から，命と暮らしを脅かすものへと変容する。そのとき周囲は回復することへの責任を当事者に説いて，彼女たちに応答を求めがちだ。しかし彼女たちを酔いへと追い込み，症状という発話を聞き逃し，生存のための仕組みから排除する私たちの社会は，責任を問われないのだろうか。

*

丸山（2021）は女性ホームレスという存在を通

して，社会のなかにその存在すら見えない，ネットカフェで寝泊まりする人，DV から逃れてシェルターに短期滞在する人などについて，丁寧にその状況を整理する。また女性が路上に出ることの歯止めとしての福祉制度は男性と比較して利用しやすいが，反対に男性には就労という強い性別役割が働くことに触れる。そして Gilligan の『もうひとつの声』を手がかりに，路上生活を送る女性たちにとっての主体あるいは自立という概念の再整理を試みながら，矛盾を抱えつつ状況によって偶発的に選択されていく行為と，従来の研究がとりこぼしてきた視点を指摘する。

ところで男性にとっての被害体験，特に性被害についてはこれまで長く「不可視化」されてきた。性暴力という言葉には男性から女性に向けられたものという前提が含まれ，それ自体にジェンダー差別が働いている。実際に性別役割との関連で発生する多くの誤解や偏見も相俟って，男性被害者はそれを認識することの難しさに直面する。宮﨑（2021）は，男性が多くの場合に加害という認識を引き受けさせられるなかで，被害を取り上げることは容易ではないとしながら，性自認，性指向のありかたなどさまざまな現実を排除しない支援を志向することを呼びかける。

また信田（2021）は，DV における加害と被害の認識について取り上げながら，"正しさ"をめぐるパラドックスに言及する。DV 被害という認識によって初めて加害が立ち上がるという体験を包括的に捉えながら，具体的に続く生活のなかに当事者がそれをどのように位置付けるかということの重要さを指摘しており，ここでも責任が大きなキーワードになっている。

トラウマを負う人が抱える深い哀しみや憤りは，時に自分だけではなく他者に向けられることがある。特に回復と呼ばれる時期のなかに，そのような嵐のように周囲をも巻き込まざるを得ない一時期があって，治療者を疲弊させてしまうことが少なくない。しかし，そのような時期に当事者のなかで何が起こっているのであろうか。サバイ

バルのかたちは多様だ。それを語り，聞きとめるという試みを詳解すると同時に，彼らが何を仄かに見える光として道を進むのかについて，倉田（2021），有元（2021），上岡・カレン（2021）によるサバイバーたちの言葉を届けたい。

それとは少し趣きを変えるが，森（2021）は宮澤賢治の作品「青森挽歌」を参照しながら，妹の死に強い衝撃を受け心の危機とも呼べる時期を過ごした賢治の心象スケッチに着目する。そして賢治の仕事は感情・思考の多相性をそのままに，それぞれに意識を向けて扱うことの重要性を示しているとしながら，それをさらに童話というフィクションの創作へと展開していく様子に言及する。従来のような語りに創作という視点が加わることで，初めて「語りうる」サバイバーが存在するのかもしれない。

たしかに倉田（2021）は論考のなかで，薬物使用ではなく自分の傷を表現するものとして，アートの存在について言及している。そして自作の詩の朗読など，パフォーマンス・アートに取り組んでいるという。また，上岡の主宰する NPO 法人ダルク女性ハウスでは，演劇の要素を取り入れたワークショップなどが盛んに行われている。いずれも Van der Kolk（ヴァン・デア・コーク，2019）が「自分の声をみつける」と表記したそのこととも重なる。そう考えてみると，トラウマからのサバイバルは，これからも言語に限らない多様なかたちで，書き残されていくのかもしれない。

トラウマをサバイバルしていく。その過程には多くの障壁があることをいくつもの研究や臨床実践が明らかにしている。そして，サバイバルの行程を共に歩く治療者／援助者もまた，傷を持つ人との時間の共有を通じて，大きな傷を負うことがある。また慢性的な二次受傷の場合，自分でも気付かぬうちに心身の疲弊から治療／援助の実施が困難となる。小林（2021）は自身の体験を開示しながら，その回復やセルフケアに，マインドフルネスとセルフ・コンパッションが果たした役割について詳解している。

マインドフルネスが自分の身体に集中していく
瞑想であり，自分をケアするメソッドであるよう
に，トラウマと身体の関係は，それが受傷であれ
回復の過程であれ，切り離せないものである。し
かし，実際の治療や援助場面で身体の受傷とはど
のような現れとなるか，あるいは手当てされるの
か，詳細が語られることは少ない。宮地との対談
（大嶋・宮地，2021）では，トラウマを負う身体，
なかでも近年私の周囲で増え続ける，痛みという
困難を抱える人たちとの援助関係を話題として取
り上げている。そして身体について対話していく
ことで，身体をジェンダー化されたものとして捉
え直していくことにつながった。こうしたジェン
ダーの視点はまた，トラウマに関わる治療者／
援助者のなかに起こりがちな分断について，また
社会におけるサバイバルのかたちに向けられるス
ティグマにも結びついていったと感じている。

　世界は新型コロナウイルス感染拡大のなかにあ
り，私たちの社会は他者への寛容さを見失いかけ
ている。その意味でトラウマがもたらす傷とそこ
からのサバイバルを，私たちは正面から見据える
時期にある。

▶付記

　グループで使用しているテキストは，令和元年度 日本
医療研究開発機構の助成を得て，国立精神・神経医療研究
センター（NCNP）が開発した「女性のための依存症回復
支援プログラム」である。
　本来，グループワークにおける展開内容に関して開示す
ることはしないのが原則である。しかしながら本稿の趣旨
や本特集の目的とするところについて説明し，参加者にそ
の一部，また発言内容について記述することに関して承諾
を得ている。

▶文献

有元優歩（2021）「私がおれだった頃」―生き延びる希望.
　臨床心理学 21-4；461-451.
飛鳥井望（2019）複雑性 PTSD の概念・診断・治療. 精
　神療法 45-3；323-328.
ジュディス・L・ハーマン［中井久夫 訳］（1996）心的外
　傷と回復. みすず書房.
岩井圭司（2020）トラウマ臨床総論―様々な治療法から
　のエビデンスに基づいた選択を考える. 精神科治療学
　35-6；565-571.
上岡陽江，カレン（2021）「その後の不自由」の“その
　後”を生きる―すぐれたスタッフになった彼女のストー
　リー. 臨床心理学 21-4；466-472.
小林亜希子（2021）二次受傷のセルフケア―援助者のため
　のマインドフルネス. 臨床心理学 21-4；451-456.
古藤吾郎（2021）流転する加害／被害―DV 加害者グルー
　プ. 臨床心理学 21-4；440-445.
倉田めば（2021）シラフでクレージーになるために―表現
　としての回復. 臨床心理学 21-4；457-460.
丸山里美（2021）格差・貧困・ジェンダー. 臨床心理学
　21-4；408-413.
宮﨑浩一（2021）男性の性被害への視座. 臨床心理学
　21-4；446-450.
森茂起（2021）記憶の物語化―宮澤賢治を考えながら. 臨
　床心理学 21-4；422-427.
中野葉子（2021）オンライン化がもたらすトラウマ被害者
　支援（ケア）の拡大. 臨床心理学 21-4；434-439.
信田さよ子（2021）傷つきのリトルネロ―DV を通して加
　害と被害を考える. 臨床心理学 21-4；401-407.
野坂祐子（2021）傷つけられた子どもたちと，傷つける／
　傷ついた社会の〈再生〉―トラウマインフォームドケア
　の視点. 臨床心理学 21-4；428-433.
大嶋栄子，宮地尚子（2021）［対談］傷を生きる. 臨床心
　理学 21-4；387-400.
坂上香（2020）受刑者の痛みと応答―映画「プリズン・サー
　クル」を通して. 臨床心理学 20-1；86-89.
坂上香（2021）刑務所内 TC とサバイバル―受刑者の関係
　性は塀を越えられるか？. 臨床心理学 21-4；414-421.
鈴木太，牧野拓也（2020）複雑性 PTSD のこれまでとこ
　れから. 精神科治療学 35-6；573-578.
ベッセル・ヴァン・デア・コーク［柴田裕之 訳］（2019）
　身体はトラウマを記憶する―脳・心・体のつながりと回
　復のための手法. 紀伊國屋書店.

🐾 ［特集］トラウマ／サバイバル

［対談］傷を生きる

大嶋栄子 Eiko Oshima
特定非営利活動法人リカバリー

宮地尚子 Naoko Miyaji
一橋大学

大嶋　「トラウマ／サバイバル」と題した本特集では，「傷を生きる——批評と臨床」のセクションでトラウマの理論と臨床，さらに現在のトラウマをめぐる状況を広角でとらえ，社会構造や格差との関連において総覧したうえで，「傷をみつめる——臨床事例という経験」のセクションではトラウマ臨床の諸相を探っていきます。最終セクション「語りえぬものを語る——記憶の地層・痕跡の裂開」では，サバイバーたちによる言葉を通じて，仄かに光が射す回復の道をいかにして進むのかを聴き留めることを意図しています。そして宮地さんとの対談では，1995年の阪神・淡路大震災，2011年の東日本大震災，そして現在進行中の新型コロナウイルス感染拡大という時間軸のなかで，トラウマをどのように語ることができるのかを，共に対話のなかで考えていきたいと思っています。

I　トラウマと痛む身体——2つの身体論的転回

大嶋　トラウマについて語り合うにあたって，まずは私の関心の中心であり，そして私たちの著書の共通項でもある「身体」から始めてみたいと思います。宮地さんが昨年刊行された『トラウマにふれる』（宮地，2020a）を拝読して，身体性から

トラウマにアプローチしている点にとりわけ感銘を受けました。私は「それいゆ」という生活共同体を運営するなかで，トラウマを負った彼女たちが回復するプロセスにおいて，「不自由な身体」を抱えていることが気になっていました。どうしてこれほど「ちぐはぐな身体」になってしまうのか，なぜ身体が存在しないかのように生きているのか，そのことがずっと疑問でした。そこから身体に問題意識が向かい，その観点から彼女たちの日常生活を眺めるようになった——こういった積年の問題意識を探求したのが『生き延びるためのアディクション』（大嶋，2019）です。

　ですがその後，私は新たな身体性の問題に直面するようになりました。自分に身体というものがあることに気づかない様子はこれまでにも見てきたのですが，今まさに注目しているのは「身体の痛み」です。どこにも病気はないけれど強烈に体が痛む人や，記憶のなかにトラウマティックなエピソードはないけれど，本人が語るエピソードにはトラウマの萌芽を思わせるところがある人……これまで「身体のだるさ」のことは聞いていたけれど，今はむしろ「身体の痛み」を訴える人が多いという印象があります。彼女たちの立ち姿，歩いている様子，移動する身体を見ていると，とて

もぎこちなくて，おそるおそる歩いていたり，猫背になっていたり，胸が開いていなくて浅い呼吸しかできていない。医学的所見はないから投薬もされないけれど，痛みは確実に彼女たちの生活を不自由にしている。では，この痛む身体とどのように付き合ったらいいのか……私自身，今まさに悩みの渦中にあります。

宮地　『トラウマにふれる』でも書いたように，自分の身体に住まうことの困難とでもいうのでしょうか，自分の身体がトラウマやフラッシュバックや恥のトリガーになることは少なくないですよね[注1]。本人に原因があるわけではなく，むしろ外からのもの，たとえば虐待経験によるものだったりするのですが，意識されることもなく記憶にさえ残っていない身体感覚・身体記憶がさまざまな形で表われる。それは虐待経験による痛みでもありえるし，いつも身体が緊張しているがゆえの骨格筋系の痛みかもしれません。

　安全を感じているときの姿勢と，どこからか何かが襲ってくるかもしれない，あるいは誰かが危害を加えるかもしれない危機状態の姿勢とでは，随分と異なってきます。つねに緊張していたり，怖いから身を守ろうと肩をすくめていたり，恥ずかしくて身を隠したい思いが身体に表われたりもする。実際，そういう姿勢はどこか奇妙で，自信なさげで怯えた様子に見えたり，つけこみやすそうだったりもして，それがさらなる被害を誘発しかねない危うさがあります。

大嶋　たしかに彼女たちを見ていると，ちょっと姿勢を低くして，いつでも走って逃げ出せそうな構えになっています。そのうえ摺り足になっているから，ますます妙な雰囲気になっていて……あれは音を立てずに逃げられる姿勢なのかもしれないですね。

宮地　「いたたまれない」という言葉がありますね。すぐ逃げ出さなくてはいけない，あるいはその場に自分がいてもいいのだろうかという不安が，この言葉には含まれています。でも，別の場所に移ってもやはりいたたまれなくなる。おそら

く，自分の身体が「安全基地」になっていないのでしょう。自分の身体を認めてあげられれば楽になるけれど，それができないから，周りの人間もどうしたらいいのかとまどってしまう。私の場合，臨床では，そういう方たちとは3分くらいのエクササイズをして，体を伸ばしてもらいながら，ゆっくりと深い呼吸をしてもらって，硬く閉じている身体に働きかけたりしています。

大嶋　彼女たちは，ぐっと前屈みになって，内側に閉じた身体になっています。類人猿から人間に進化するなかで二足歩行に移行する姿勢にどことなく似ていて，どうやら気が付くとそういう姿勢になっているようです。

宮地　それにはジェンダーも影響しているでしょうね。女性だから場所を取ってはいけない，偉そうにしてはいけない，堂々と胸を張ってはいけない，脅威ではないことを身体で表さなくてはならない，というように。だから，内股になったり，猫背になったりするのでしょう。

大嶋　トラウマティックなイベントの影響だけでなく，女性というジェンダーに割り当てられた役割期待と相俟って，あの特有の身体表現になっているわけですね。このような身体，つまり病気ではないけれど不自由な身体の話をしても，なかなか理解してもらえないもどかしさがあります。

宮地　そういう意味では，演劇的要素，たとえばアートセラピーを取り入れたケアは役に立つかもしれないですね。浅い呼吸は息を潜めて身を隠していることの表れだと考えれば呼吸法も有効でしょう。まずはそういう身体性を敏感にとらえて，少しずつ変えていく手助けをするだけでも楽になるのではないでしょうか。

　一方で，たとえば医師は基本的に重大で深刻な病気を見つけることが重要だという訓練を受けているから，痛みというものをそのサインだと考える。そして病気の可能性を探っても何も特定できなければ，痛みの意味はなくなり，「不定愁訴」というゴミ箱的診断に入れられることになる。支援者からすると不定愁訴は聞いていても疲れる

し，痛み止めばかり処方して依存されても困るし，根本的な解決はないから達成感もないし，どうしても敬遠されやすいでしょうね。

大嶋　その意味では，みずからの身体性の認識が難しく，そして支援者からは見えにくいことが，彼女たちの身体性の把握をより難しくしているのかもしれません。「それいゆ」でも，まさにそういったケースを経験したことがあります。利用者の彼女は最初，膝の痛みを訴えて，ストレスからくる過食と体重増加ゆえの痛みではないかと診断され，膝の水を抜いたものの痛みは消えなかった。その後，よく検査してみたら，彼女の膝が湾曲していることがわかって驚いたことがあります。それくらい彼女たちにとって自分の身体が遠いということですよね。試行錯誤を経て，今は身体に働きかけて筋肉の緊張をゆるめるソマティクスという技法を実践して，自分の身体に気づくきっかけにしようと試みています。ただ，ソマティクスでゆるんだ身体が気づくと元に戻っていたりして，一筋縄ではいかないですね。

宮地　近年，慢性疼痛症候群や繊維筋痛症と診断される人が増えているようですが，もしかしたらトラウマが影響しているケースもあるのかもしれません。ただ，身体の痛みとなると，なかなか治療が前に進んでいかない難しさがありますね。

大嶋　ええ，そうなんです。「環状島」モデル（宮地，2007/2018）でいうと，彼女たちトラウマサバイバーの多くは〈内海〉に沈み，かろうじて〈波打ち際〉へ近づいているものの，トラウマ体験を言葉にすることはもちろん認識もしていないし，みずからのものであるはずの身体さえ自分から遠く隔たっている。そこから〈内斜面〉を登って〈尾根〉へと至るプロセスがあることを考えると，〈外斜面〉にいる支援者との距離は大きく，彼女たちの訴える「痛む身体」は，ますます不可思議な現象と「誤読」されてしまうのかもしれません。

Ⅱ　生き延びるための〈環状島〉

宮地　大嶋さんに言及していただいた環状島モデルは，考えはじめた当初，支援者としての私自身のサバイバルマップをつくりたいという目的があったのですが，その後，環状島というメタファーを活用して個々に思考を発展させてほしいと考えるようになっていきました。ありがたいことに，多くの人がこのモデルを自由に使ってくれて，たとえばジャーナリストの池上正樹さんがひきこもりの理解と支援に活用してくださったり，東日本大震災の被災者支援にも活用されていると聞きます。その後，環状島をもっと開いていきたいと考えるようになって，環状島をめぐる対話を続け，書籍化もされました（宮地，2021b）。環状島モデルは，トラウマとその治療や支援の諸相を図示することで，支援者−当事者間，支援者同士，当事者同士でもトラブルが起こりうることを理解しやすくなると思っています。たとえば支援をするなかで，トラウマらしきものがそこにあるとわかりつつ，そのトラウマにふれるかどうかを判断するための見取図としても活用できる。

大嶋さんは『生き延びるためのアディクション』でも環状島モデルを引用してくださっていますよね。実際，どのようにこのモデルをとらえていますか？

大嶋　『環状島＝トラウマの地政学』を読んだ当時，性被害裁判に関する記述に衝撃を受けたことを覚えています。加害者を告発する裁判のために被害者本人も周囲の支援者もあれほど努力をしたのに，なぜ被害者と支援者がスプリットする結果になってしまったのか。本を読んだ当初はその理由がつかめずにいましたが，環状島モデルのマッピングを読み直して，「ああ，そういうことだったのか」と納得できました。当事者である原告の彼女は環状島モデルのどこに位置していて，支援者はどこにいたのか，当事者からは支援者がどう見え，支援者からは当事者の彼女がどう見えていたのか……そういった複雑にもつれた状況がこのモデルを通じてわかってきました。さらに，仮に何がどうあればよかったのかということも整理されていきました。そういった私なりの理解をもと

に，『生き延びるためのアディクション』では環状島を，トラウマに関わる多様な人々のポジショナリティを描くモデルとして参照しています。

宮地　当事者−支援者間のスプリットやトラブルは，ある意味でトラウマの支援にはつきものですね。ただ，それとはやや別の次元で，もともと資源がないところで支援を進める難しさもあります。「ないない尽くし」のところで支援をすると，すべてはサポートできず，無力な傍観者にならざるを得ないことが増えます。当事者からは「助けてくれると思ったのになぜ？」と言われ，支援者が不全感や罪悪感を覚えることは少なくない。支援者も疲弊しきっているんですけどね。当事者−支援者間のスプリットやトラブルって，むしろ資源の少なさが原因じゃないかと思うことが最近は多々あります。

大嶋　人的資源の少なさは，とても大きな問題ですね。もちろん，環状島の〈外斜面〉から〈尾根〉まで登って，〈内斜面〉や〈波打ち際〉にいるサバイバーたちの状況を見に行こうとする支援者はいると思います。ですが，〈尾根〉まで登ってサバイバーたちに深くコミットしようという支援者の数はそれほど増えていないし，その顔ぶれも変わっていないように思うのです……

宮地　最近，戒能民江さんと堀千鶴子さんの『婦人保護事業から女性支援法へ』（戒能・堀，2020）を読んだのですが，つくづくいかに女性支援のために予算が回ってきていないのかを考えさせられました。2001年に「配偶者からの暴力の防止及び被害者の保護等に関する法律（通称：DV防止法）」が成立しましたが，結局，新たな予算が割り当てられたわけではなく，既存の施設や予算をやりくりしながら運営されているのが現状で，それがまた支援に新たな「ねじれ」を生み出している。それでも彼女たちの著作のような研究は進んでいるから，次のフェイズとしては，積み重ねられている研究を政策に活かしていくことになるでしょうね。そうでなければ当事者も支援者も，疲弊しすぎて，いずれ破綻してしまいますから。

大嶋　トラウマやDVのこと，支援のこと，そして政策のことなど，以前よりさまざまなことが知られるようになってきたという意味では，支援の裾野は広がっているのかもしれません。環状島の〈外斜面〉が以前ほど急ではなくなり，斜面を登ろうという意欲をもつ人が増えてきたと言えるでしょうか。ただ，やはり私には，〈外斜面〉を伝って〈尾根〉まで登り詰めようとする支援者の新規補充はないように思えて……

宮地　見方をかえると，行政の守備範囲の狭間を補うように，大嶋さんの運営する「それいゆ」のようなNPO機関が例外的に誕生してきた，ということですね。

大嶋　そうおっしゃっていただいて光栄です。「それいゆ」を開設して，もう18年になります。「それいゆ」以前には，草の根のフェミニストたちがつくったシェルターやカウンセリングルームがありましたが，DV支援を牽引してきたシェルターの多くも世代交代の時期を迎えています。次世代を担う人的資源は決して潤沢ではないと思いますが，新たに学ぼうとする意識の高い世代もいて，世代交代が大きなムーブメントになるかどうかはこれからの課題でしょうね。

宮地　トラウマに関わる支援者について，環状島モデルを使って考えてみると，まず環状島という環境に働く影響として，トラウマ反応や症状としての〈重力〉，対人関係の混乱や葛藤としての〈風〉，トラウマに対する社会の無理解度を示す〈水位〉があります。このうち〈重力〉は〈外斜面〉にいる支援者にも作用します。トラウマサバイバーの苦しみに共感しすぎることでPTSDに似た症状を呈する「代理受傷」または「二次的外傷性ストレス」，さらに共感する力が消耗して感情が麻痺したり，当事者にシニカルな態度を取ったりする「共感疲労」や「燃え尽き」も，〈重力〉の一種だと考えられます。

大嶋　支援者の疲弊や二次受傷は，トラウマケアにおいても大きなテーマですね。トラウマを負った人が抱える深い哀しみや憤りは，自分だけでは

なく他者に向けられることもあります。特に「回復」と呼ばれる時期に，まるで嵐のように周囲を巻き込まざるをえない時があって，支援者を疲弊させてしまうことも少なくない。この特集号でも，トラウマケアのなかで避けがたく訪れる二次受傷のこと，そしてそれに圧倒されないためのセルフケアを紹介したいと考えていて，マインドフルネス論などを取り入れています（小林，2021）。

III　親密性と回復

大嶋　ここで支援者から当事者へ，環状島モデルに照らせば〈内海〉から〈内斜面〉〈尾根〉へと至る当事者の回復へ，話題を転じてみたいと思います。

　私は回復過程における「親密圏（intimate sphere）」を重視していて，『生き延びるためのアディクション』では，親密な関係こそが暴力の温床になっている，だからこそ新たな親密圏をいかに生み出せるかが回復にとって重要になる，という仮説を提示しています。親密圏という概念については，齋藤純一さんの知見から多くを得ていて，セクシュアリティや家族関係に限定されない「具体的な他者の生への配慮／関心を媒体とするある程度持続的な関係」という定義，とりわけ「生きる場所」「他に代えがたい『間（in-between）』」という場＝圏（sphere）を強調しているところに依拠しています（齋藤，2008/2020）。これを踏まえて回復における親密圏とは，当事者にとって「居場所」や「適度な距離のある安全な関係性」のことであり，目的を共有する回復支援施設や自助グループといった「場の共同性」がそれに相当するのではないかと考えています。

宮地　私の場合は「公的領域／親密的領域／個的領域」という三分法で理解しています。これは，個人のことと親密な関係のことが混同されがちなので，ひとまずは分けてみようという発想からです。もちろん親密的領域は重要だけれど，それによってパートナーどちらかの個的領域が犠牲になっていたら問題ですよね。ですからDVの定義

についても，パートナーの親密的領域によって，自分の個的領域を奪われることだと定義しています。もちろん，個的領域が守られるためには，自分を認めてくれた人がそれまでにいるといった親密的領域の確立も必要ですから，そう単純化できないところもありますが。

　「それいゆ」のような生活支援施設は，個的領域が尊重された形で親密的領域をつくっていく，いわば人間関係を構築するトレーニングの場だと思います。おそらく，これまでの関係性のなかでどれくらい個的領域が奪われてきたのかを利用者の方たちとともにふりかえっていくとか，どうすれば親密な関係のなかで自分を守りつつ相手を尊重し，また自分を尊重しつつ相手を守る関係をつくっていけるのかがポイントになる。きっと，食事の好き嫌いはどれくらい許容されるのか，共同生活のなかで携帯電話をいつ使用してもいいのか……そういったささやかなことから始まるのでしょうね。

大嶋　宮地さんの『トラウマにふれる』では，公的領域は「一般市民としての活動の場であり，職場，学校などの社会組織，政治・経済の分野など」，親密的領域は「恋愛や性愛，親密や愛着によってつながった人間関係の領域」であり「カップルや家族」がその代表的とされ，個的領域は「自分のためだけの自由な時間や空間」と定義されています（宮地，2020b）。

　この定義を踏まえて「それいゆ」での活動を改めて考えてみると，グループホームという場には，自分の部屋があって，リビングのような共有する場所があり，さらに作業スペースなど「パブリックな場」もあります。「パブリックな場」や「プライベートな場」があって，それらを行き来しながら領域の差異を学び，そのなかで親密性を育んでいく。そして回復過程の最終段階に位置づけている「親密圏の創造期」では，他者との「対等な関係」を理解していけるようにサポートしていきます。この時期は，アディクションから離れて数年が経過していますから，共同生活のなかで小さ

なストレスが生じても，ある程度，仲間関係や援助者との関係のなかで解消していけるようになっています。ただ，彼女たちの奥深くに眠っている深い喪失や哀しみは手つかずのままです。「自分の人生の主人公」になっていくプロセスのなかで，ようやく過去の理不尽な体験への怒りが湧き起こったりもするのですね。

宮地　リビングと個室があり，リビングが親密的領域，個室が個的領域なわけですが，いつ個室にこもっていいのか，いつリビングに出ていいのか，それを選べること，選んでいいと身体が感じられるようになることが大切ですね。複雑性PTSDの定義のなかには，自分に対する否定的な見方や情動調節の困難といったことが含まれていますが，これらは慢性のトラウマ的環境のなかで作られた部分も大きいですね。安全な環境のなかで，このような個的領域における困難が徐々に回復していくと，親密的領域においても公的領域においても，ぎくしゃくしたところが減っていく部分はあるでしょう。でも逆に，過去にトラウマ的環境にずっと置かれていたことの理不尽さに気づけるようになると，本来なら経験できたはずだった「安全な子ども時代」「楽しい子ども時代」を得られなかった喪失感や怒りが出てくることはありますね。

IV　共に回復へ——ジュディス・ハーマンと回復論

大嶋　宮地さんから言及があった複雑性PTSDは，近年，大きく取り上げられる機会が増えているように見受けられます。そこで今，複雑性PTSDの提唱者であるジュディス・ハーマンの『心的外傷と回復』を改めてどのように読むことができるのかをうかがってみたいです。

宮地　ハーマンはトラウマからの回復を3つの段階に分類していて，(1) 安全，(2) 想起と服喪追悼，(3) 再結合とされています。まず安全を確保し，土台を固めて全体を底上げしたうえで，第二段階で，枠のある閉じたグループのなかでトラウ

マ体験をシェアして，それにまつわる喪失を悼む作業を行います。それらの作業を経て第三段階目で，社会との再結合を果たしていくという流れです。もちろん，この3段階はあくまで理念型ですから，必ずしも直線的に進むわけではなく，前の段階に戻っていくこともあれば繰り返されることもある，いわば螺旋的に展開するモデルです（ハーマン，1996/1999）。今でもこの3段階モデルは有効だろうと思います。実際の臨床現場では，どの段階に力点を置き，どのくらいクローズドなグループで実践するのか，そのメリハリをつけることが重要になるでしょうね。

　今回，改めて『心的外傷と回復』を読み直して，ハーマンが「グループの力」を強調していることに注目しました。グループをやってみたいと思いつつ，普段は個人のカウンセリングが中心になっている私としては，大嶋さんのように，グループを実践して生活全体を見ていく活動をしている方に，グループの意義についてぜひ聞いてみたいです。

大嶋　グループでトラウマの記憶や経験をシェアすることは重要ですが，それらをどこまで語ってもらうのかについては，私自身，試行錯誤の連続です。出入り自由のオープンエンド・グループを実践したこともありますし，目的を同じくするクローズド・グループを実践したこともありました。もちろん，一対一の援助関係を基軸に回復していくメンバーもいます。自分の体験を振り返ったり問い直したりすることは一対一でも可能ですから，その場合はできるだけ安全な形で自分を開示してもらっています。一方，グループ全体に自己開示するのは怖いことでもある。けれど，グループを信頼しながら語っていく場面になりますから，そのことが本人にもたらす変化はとても大きいし，親密性の構築にも大いに関わってきます。

　一対一の援助関係の場合，その関係に何らかの問題が生じると，この作業を続けられなくなることもあります。それはグループにも起こりうるけれど，複数の耳で聞く力がグループにはあると

思います。私はいつも，あるメンバーが一対一の関係で話したのと同じことをグループで話したとき，グループという場の空気のようなものが語った人にどのように跳ね返っていくのかを観察しています。それは，グループという空間がもつ独特の「安全」と言えるかもしれません。安全に言葉を投げ込める雰囲気をつくっていけることは，やはりグループの大きな力であり魅力だろうと思います。同時にそこには，一対一の関係で自分が問題を引き受けられるだろうか，という支援者の懸念を解消する効果もある。グループとして複数で聞いたほうが，支援者の安心や安全も確保される側面があって，私自身，グループを活用してきたところがあります。

宮地　逆に，グループの問題点はあるのでしょうか？　たとえば，個人間だったら問題なく聴けていたことがグループになったら難しくなったというような……

大嶋　『環状島＝トラウマの地政学』で，サバイバー同士で，どちらの経験のほうが大変だったかという比較＝競争が生じることがあると指摘されているように，自分が語ったことによって別のメンバーをつらい目に遭わせてしまったかとか，どこで話を止めたらいいかわからなくてみんなの時間を奪ってしまったと心配する人はいます。そんなふうに「自分が語れなかったこと／自分が語りすぎてしまったこと」を気に病むメンバーはいましたが，全員が均等に話さなくてもよいというルールでグループを実践してきたこともあって，幸い大変な思いをした経験はあまりないですね。強いて言えば，グループでは複数の人の話を聞くことになるので，グループ終了後に支援者が体力を消耗して回復に時間を要するということくらいでしょうか。

　ただ，グループ終了後のアフタートークをどうするか，つまり話の続きをグループ外でしてもよいとするかどうかは，なかなか難しい判断になります。アフタートークによってグループが暗礁に乗り上げたことはありませんでしたが，アフタートークがその後に与えた影響については，次のグループでシェアしてもらっています。

宮地　ちなみに，グループをドロップアウトする人はいましたか？

大嶋　これまでドロップアウトする人はいませんでしたが，途中で休んで，あとから復帰するメンバーはいました。そのこともあって，できるだけ参加の敷居を下げたいという思いもあり，テーマを決めずにそのとき話したいことを自由に話すオープンエンド・グループと，1冊の本を全員で読んでいくクローズド・グループ，その2つのパターンでグループを運営してきました。クローズド・グループでは『トラウマとジェンダー』（宮地，2004）を課題図書にして，なぜ女性は身体を折りたたむような姿勢になってしまうのか，なぜそういう雰囲気を身体にまとわせてしまうのか……そういったことを学んできました。自分の体験したことを振り返るだけでなく，そこに宿っているジェンダーの視点をシェアしたかったからです。

　クローズド・グループでは，レジリエンスについて学ぼうと『サバイバーと心の回復力』（ウォーリン・ウォーリン，2002）を読んだこともありました。ただ，自分はここに書かれているようにはサバイバルできていないとか，レジリエンスがないとか，メンバーたちが落ち込んでしまうこともあって……宮地さんの論文「マルトリートメントとレジリエンス」（宮地，2021a）に3人の女性医師が登場するのですが，知性やユーモア，楽観的であること，あるいは他者を惹きつける能力といった，トラウマ体験の影響から防御するような個人の特性に恵まれているように見えます。グループではしばしば，自分にはそのような強みがないという話になりがちです。しかしこうした特性とは，自分を見守る大人の存在，楽しめるもの，立ち寄れる場所などといった「環境要因」とも相互に影響し合い育まれていくものですよね。しかし，そもそもトラウマ体験によって対人関係の作りづらさや自己への否定感などから，「環境要因」との間に相互作用が生まれづらい場合があること

にも注意が必要なのだと気づかされます。

宮地　論文「マルトリートメントとレジリエンス」に登場する3名が全員女性でかつ医師だったのは，書いてみて気づいたことで，そこに特別な意図があったわけではないんです[注2]。レジリエンスについてよくわかる良い本を3冊選んだのですが，良い本とは，当事者の経験がよく伝わり，でもある程度客観視されているものですよね。その上，専門家的な知識も加わり，支援者側の視点もあるというのが3冊の共通項です。女性医師というのは弱さも強さも両方表に出しやすく，上の条件を満たしやすい立場にあるのかもしれませんね。

　この世界には傷を受けたサバイバーたちが多くいて，そのなかの限られた人だけが自らの体験を言語化できます。またそのなかのわずかな人たちがそれを本にして，出版まで漕ぎつけることができます。環状島の内側にはもっとさまざまな人たちがいて，3名の女性たちはかろうじて声を上げているにすぎない。彼女たちは自分の経験の証言者であるとともに，内海に沈んだ他の人たちの代弁者でもあります。『環状島＝トラウマの地政学』でも書いたように，「すべての証言者は代弁者で（も）ある」のです。それに，20年前や30年前であれば，彼女たちだって声を上げられなかったかもしれないし，もしかしたら命を落としていたかもしれない。彼女たちが声を上げ，その声が本となって届いたということは，ある意味奇跡なのだと思います。

　逆境にあっても友人などの保護・環境要因に恵まれ，サバイブし，スライブ（thrive ＝豊かに生きる）していった彼女たちの軌跡を「証言」として紹介すると同時に，私たちの誰もが保護要因に恵まれない状況にある人たちの保護・環境要因になりうると言いたかったのです。

大嶋　だからこそ，声を上げられる人がいるということは，「希望」にもなるわけですね。

V　トラウマにふれる——支援の力学とポリティクス

大嶋　本誌の主な読者である心理職のみなさんの場合，精神科クリニックや福祉現場で出会うクライエントに，トラウマあるいはそれと思しきものを見出すことが多いのではないかと想像します。実際，わたしたち支援者はどのようにトラウマと出会い，見つめ，ふれるべきか（あるいは，ふれざるべきか）——このテーマについても話し合ってみたいと思います。

宮地　まず，どのような現場で出会うかによって，トラウマ・インフォームド・ケアがよいのか，あるいはトラウマ・スペシフィック・ケアがよいのかはおそらく異なります。児童相談所や児童養護施設で出会うとすれば，ケアするつもりもないままトラウマに出会うことになるでしょうね。生育歴やこれまでのケースのサマリーを読んでいるうちトラウマの存在に気づき，"さあ，どうしよう……"と思う人もきっと多いでしょう。

大嶋　トラウマケアを専門としていない人たちが，自分の臨床フィールドにトラウマが埋め込まれていて，いわば偶発的にトラウマと出会うということですね。そして，やがて，「トラウマにふれる／ふれない」という判断を迫られることにもなる……

宮地　支援全体の底上げとしては，トラウマのことを知っているに越したことはないですよね。前提となる知識をもったうえで，「今まさにトラウマティックなものが開いているな」とか「トラウマの再体験が起きているな」とわかったほうがいいですし，それは支援においてとても大事なことだと思います。そうでないと，支援者がへたに自分を責めてしまったり，逆に当事者のせいにしまったりして，トラブルが大きくなってしまいます。

大嶋　トラウマを正しく畏れる，でも見て見ぬふりはできない，ということでしょうか。私の場合，いつどのようにサバイバー自身がみずからのトラ

ウマに向き合っていくのかを気にかけつつ，じっと様子を見ていく時間が多いかもしれません。トラウマのことが支援者にもっと知られるようになるためには，支援者同士も安心して自分の体験を話せる場が増えていくことは大切ですよね。トラウマを抱えたクライエントへの臨床に関して，たとえば精神科医療では，インフォーマル／フォーマルなトレーニングは充実しているのでしょうか？

宮地　個々にトレーニングや研修を受けている人もいるでしょうね。もちろん人によるとは思います。たとえば日本トラウマティック・ストレス学会では研修を実施していますし，フォーマルな研修の場で知り合った人同士の交流が，インフォーマルなトレーニングに発展することもあるようです。また被災地支援の現場では，トラウマ的な症状をもつクライエントに接することになるから，支援現場で情報や理解が共有されるでしょうし，性被害者支援の現場でもスタッフ同士で密に情報共有がなされているでしょう。

　一方で，精神科クリニックに勤めているけれど，上司や同僚はトラウマにまったく関心がなく，深刻なトラウマを抱えたクライエントの担当を指示され，ひとりでケースを抱えて孤立してしまうという人もいるかもしれません。

　さらに，トラウマに関心が深いがゆえの「弊害」もありそうです。「あの人ならわかってくれる」と思うとその支援者にケースが集中してしまうだろうし，深刻なトラウマを抱えているクライエントの支援は時間も手間もかかって，ほかのスタッフがますます敬遠するだろうから，とても難しい部分がありますね。それに精神科臨床では，どうしてもクライエント一人当たりの時間が限られ，ゆっくり話を聴く時間がもてないという事情もあります。本当は，臨床心理学のカウンセリング文化と精神科臨床の文化がもっとうまく交わるといいなと思うのですが。カウンセリング併設の精神科クリニックも増えてきているようですけどね。私も，トラウマの専門家だから丁寧なセラピー

をやってくれるだろうと期待されるのですが，申し訳ないと思いつつ，精神科外来で働いていると，なかなかそうもいかず……。トラウマ・スペシフィック・ケアはある意味，「手術」のようなところがあるから，外来で簡単にはやりづらいです。別枠が必要ですね。それに，児童相談所や女性支援施設との連携など，ケースワーク的な仕事も多いですよね。

大嶋　私も「それいゆ」を立ち上げる前，10年ほど精神科クリニックに勤務していたので，先ほどのお話はよくわかります。当時，仲間と開設していたフェミニスト・カウンセリングルームは女性と子どもが主なクライエントで，性被害の裁判のクライエントも多く，裁判所に提出する陳述書類を作成するために仲間たちと勉強会を開催したこともありました。日々の疑問を解決するために，すすんで外部の研修会にも参加していましたが，やがてある疑問が浮かんできました。それは，支援領域によってどうやら「正しいクライエント／被害者像」といったものがあり，それは果たして今まさに自分がサポートしているクライエントにフィットしているのだろうか……という疑問です。

宮地　それは語るのが難しい，ですが重要な問題ですね。たとえば，売春防止法の下でできた施設における支援とDV支援とのあいだに「ねじれ」が生じるといった可能性はありそうです。女性クライエントがセックスワークに従事しているかどうかが，まるで「踏み絵」のようになって，支援領域が分断されることもあるかもしれない。ですが，たとえば当事者が自分のしていることがセックスワークになるのかどうかわからない場合もあります。支援者側にも，セックスワークに対して賛成ではないけれど反対でもないという姿勢もありえます。このほか，支援者個人のなかに，いわゆる「良妻賢母」のイメージがどのくらい内面化されているかによっても，子どもを育てている女性依存症者などへの支援の質は変わってくるでしょう。これには世代間での違いも大きく影響し

ているかもしれません。

大嶋　女性支援にある種の「分断」があることは，「それいゆ」を運営するなかで日々実感しています。「それいゆ」では，夫から DV を受けていた女性依存症者をケアすることもあります。DV 防止法が定義するように，被害者である彼女たちはケアされるべき存在なのですが，彼女たちがアルコールや薬物を使用していると，排除とは言わないまでも「好ましからざる対象」とされ，積極的な支援対象ではなくなってしまうこともある。つまり，売春防止法と DV 防止法という 2 つの大きな法を柱に成り立っている支援ネットワークから弾かれる人たちがいて，やがて彼女たちが「それいゆ」へやってくる。

宮地　「清貧の思想」といった価値観や，「けなげな被害者」といった理想像が押しつけられることは，クライエントに不利益をもたらしかねないですね。

VI　「ケアを開く」ために──レジリエンスとサバイバル

大嶋　支援者による被害者の理想化といった問題に直面しながらも，現実にサバイバーたちはみずからの回復を歩んでいく──そのことを考えるうえで，私は先ほどもふれたレジリエンス概念がきわめて重要ではないかと思っています。ただ，いつの間にか「正しいレジリエンス」のようなものがイメージされ，私が「それいゆ」で経験したように当事者が追いつめられ，この概念の可能性が損なわれてはいないかと危惧してもいます。

宮地　そうですね，新たに提示される概念の常として，レジリエンスという概念も数値化されていきます。そして，どこか教科書的で模範的なものに還元される側面があることは否めません。論文「虐待サバイバーとレジリエンス」（宮地，2016）にも書いたように，教科書的なレジリエンスには当てはまらないけれど，生き延びてきただけでも奇跡的だと思える事例に臨床ではよく出会います。盗みをしたり売春をしたりしてでもなんとか

生き延びていった時期のほうがレジリエントという言葉がふさわしいと思える事例，死なずに大人になれたこと自体の価値というか，尊さというか。ただ，研究者や支援者には優等生タイプが多いから，こういう「ヤンキー系」の当事者や支援者の価値観は受け入れにくい部分があるかもしれない（笑）。

大嶋　今のようなレジリエンス概念を，私としては「サバイバル型レジリエンス」と呼びたいです。このタイプのレジリエンスをもつ人は「嗅覚」が鋭いから，本当はそう思っていないのに「これまでよく生き延びてきましたね」とマニュアル的に言っても，本心を見抜かれてしまう。私には「サバイバル型レジリエンス」をもったクライエントのたどる，こんなストーリーが思い浮かびます。訳あって児童相談所に一時保護された子どもを，彼女はふたたび育てたいと願う。でも父親とよりが戻ると不安定な生活に逆戻りして，子どもがもっと不幸になってしまうかもしれない。それでも最終的に支援者は彼女の選択をとめることができないまま，数年の空白期間があって，ふたたび支援の現場で彼女と出会う──そういうストーリーです。

　だから，そう明確にはレジリエンスを定義できないけれど，私がイメージしたような彼女の生き様は間違いなくレジリエントでもあります。宮地さんの話を聞きながら，私はつくづく線引きができない領域で働いているのだと思います。だからこそ，名づけられないもの，揺れていて，どっちつかずで，迷いがある論考のほうが，自分がどうしたらいいのかというヒントをもらえるのでしょうね。

宮地　母親もいろいろな事情を抱えながら，児童相談所にも一時保護してもらいながら子どもを育てていく……そういうケースは多いですよね。ただ，母親が解離状態になってどこにいるのかわからず，子どもを迎えに行けなくなって，やがて児童相談所から連絡が来る，といったことが何度も繰り返されると，いくら本人が子どもを引き取っ

て育てたいと思っていても，周囲や支援者はもっとしっかりしてもらわないと育児はまかせられないと懸念する。解離などの症状もさることながら，やはり男性関係の問題も無視できない。それでも支援者は男性関係を断ち切れとは言えない。シングルマザーで育児をすることは大変だから，自分なりの親密な関係をもちたくなるのは当然とも言えます。これらの事情に耳をふさいで，画一的な選択――"母なのか女なのか"――を強いるのは酷な話です。母である人が女でもあることを言動に示すと，敬遠する支援者は多いし，ともすれば批判的になりがちです。ですが「母であり女である」という当たり前の事実を支援者も含む周囲が受け入れるだけで，本人はずっと楽になるし，現実的な支援も進みやすくなるはずですよね。

大嶋　そうですね。にもかかわらず現実には，「母であり女である」ことを選択した途端，本人を取り巻くネットワークがきしみはじめることもあります。それに表向きは「母であり女である」ことを認めて支援が始まっても，内心ではそれを認められていなかった支援者の心が離れ，本人が支援ネットワークから落ちていくこともよくありますね。

宮地　さらに被害と加害の螺旋構造という難しい問題もあります。たとえば，DV被害者である母親が自分の子どもを虐待することは起こりえますよね。そのとき女性福祉の支援スタッフと児童福祉の支援スタッフが緊密に協力できればいいのですが，個々のスタッフが自分の役割を固定してとらえていると支援は分断されてしまいます。女性支援，訪問看護，児童相談所，学校カウンセラーなど，リソースは多く投入されるのですが，多くのスタッフが関与しているにもかかわらず，協力関係には至らない。縦割り構造が残されたままなので，入れ代わり立ち代わり支援者が登場するものの，支援を受ける本人はサポートされている実感が得られないまま，気疲れだけが残っていきます。

大嶋　そして会議ばかりが増えていく。

宮地　しかも，本人抜きの会議，ですよね。たとえばオープンダイアローグのように本人もいる状態で支援をどうするか検討できればいいのですが，ケースの処遇決定をする会議といった形式になり，まるで欠席裁判のようになってしまう。

大嶋　本人を交えて決めた方針は本人不在で変更しないとするだけで，状態もずいぶん違ってくると思うのですが……

宮地　そうですね。精神科臨床医の立場から言うと，「主治医の判断を」とよく言われますが，私たちが診ているのはあくまで症状や診察室での姿だけで，生活のことは各支援施設のスタッフのほうがわかっていると思います。ですが，では主治医以外の誰が全体方針を判断できるかというと，そこはなかなか難しい。本当は支援の全体像が見えている人，支援を受ける本人のアドボケーター兼コーディネーターがいるといいですよね……たとえば保健師，でしょうか？

大嶋　そうですね……生活場面にも目が届いているという点では適任かもしれませんが，行政スタッフですから，支援制度を柔軟に活用する裁量権があるかどうかはやや微妙でしょうか。NGOやNPOなどの民間機関が行政と実質的に連携できればいいですよね。縦割り構造ではなく，個々のスタッフを横につないでいくような仕組みがあると，支援を受ける本人にとっても実益あるサービスになる。今後は，支援対象者ごとの事例集だけでなく，機関とスタッフがどのように連携したのかを長いスパンで追いかけていく「ネットワーク事例集」が必要になってきそうです。

宮地　具体的には，介護のケアマネージャーさんの働き方をイメージすればいいのかもしれませんね。女性依存症者に関わるときには，ケースワーク型支援が中心になるだろうから。きっと大切なリソースブックになりますね。大嶋さん，書いたらいいんじゃない？（笑）

大嶋　うーん，書けるかな（笑）。もし先ほどのような横軸のネットワークが構築されていたら，トラウマティックなイベントがあっても，身近な人が急場の身体ケアを担ってくれたり，生活を立て直すのを支えてくれたりしますよね。この

ような保護要因が多いと，本人のレジリエンスは発揮されやすいと思います。反対に，もともとの家族関係がうまくいっていなかったり，経済的に困窮していたりと，いわゆる「小児期逆境体験（Adverse Childhood Experiences : ACEs）」があって保護要因が少ない状態でトラウマを背負うと，レジリエンスも発揮されにくくなってしまう。心理職だけでなくソーシャルワークの世界でも，たとえば児童支援に関わる人には，こういったさまざまな問題が視野に入っているのではないでしょうか。

宮地　縦割り構造の支援については，たとえるなら，高いビルがそれぞれ立ち並んでいるけれど，ビルとビルの間に橋はかかっておらず，ビルの上から上には移れないという状態でしょうか。つまり，ある専門領域につながれば集中的にケアをしてもらえるけれど，一度そこから離れると支援はぴたりと止まってしまい，移った先ではまったく別の支援が新たに開始されていく。個別の専門性を発揮しすぎた結果，支援領域間の落差が大きくなるという不幸なパラドクスですね。

大嶋　高い専門性のある支援がうまく活かされないのは不幸ですね。「それいゆ」では，トラウマ・スペシフィック・ケアを実施して，身動きが取れないくらい疲れ果てた利用者には，まずは食事を提供してゆっくり休ませ，危険な行動が起こらないように注意し，服薬が必要であれば管理して……といったサポートを心がけています。トラウマ・スペシフィック・ケアが十分に効果を発揮するのも，身体や生活のケアといった「土台」があってこそだと思います。もちろん高度な専門性は重要ですが，専門性を誇る「高いビルだけの街」で支援することはできないですから。

VII　傷を生きること──「傷」を耕す／「場」を創る

大嶋　身体性，環状島モデル，親密性，ジュディス・ハーマンの再読，支援の分断と接続，レジリエンスなど，さまざまなテーマについて話してきた対談も終盤に差しかかってきました。最後に，この対談のタイトルに掲げた「傷を生きる」というテーマについて，宮地さんのお考えをうかがってみたいと思います。

宮地　トラウマに関して，たとえば精神科外来診療でできることは限られているから，それ以外の生活の時間のなかで，人とのつながりを取り戻したり，気がまぎれることや達成感の得られるものを探してもらったりしています。以前だったら，喫茶店でのちょっとした会話や図書館通いなどを提案できていたのですが，コロナ禍によってそれも難しくなってしまいました。数週間に一度クリニックに来る以外，ほんのわずかな交流の機会さえない人も多いから，今後，何を提案すればいいのか，ずっと悩んでいます。

　私は以前，「トラウマを耕す」という表現を使って，アート表現や物を作ることなどによってトラウマから豊かさが引き出されると論じたことがあります（宮地，2013）。「トラウマを耕す」には，誰かと一緒に作業をしたりすることも大切なのですが，コロナ禍以前・以後を問わず，そういった機会を見つけられない人が増えている気もしていて，どうしたものかなと……

大嶋　トラウマを耕すためには，「場」というものも重要になりますよね。私が付き合っている性被害サバイバーには「休眠状態」があって，何年も支援から遠ざかったあと，ふたたび出会うことも少なくありません。再会したときに，それまでどうやって暮らしていたのかを聞くと，彼女たちは，「あそこに行けば『それいゆ』という場所がある」ということが支えになっていたと答えます。今は行けなくてもいつかまた「あの場所」に行ける，「あの場所」に行けば仲間に会えるというように，戻ってこられる「場」というものが，彼女たちにとって大切になっている。おそらく，自分がたどってきたプロセスを振り返る象徴としての機能もあるのだと思います。だからこそ一度開いた「場」というものを，そう簡単に閉じるわけにはいかない──それが，二度も火事に遭ったりし

て，もうダメかなと思っても，「それいゆ」を続けてこられた理由です。

　今はオンラインとオフラインを併用しながらでも「場」を維持できるし，オンラインのほうが楽だという人もいるくらいで，方法は複数に開かれています。「場」を開けておくことはエネルギーも要求されるけれど，これからの支援者には，小さなところでもいいから，そういう「場」を開いてほしいと思います。

宮地　特に若い世代の支援者や当事者にはぜひそういう「場」をつくってほしいですね。そしてその「場」では，歌を歌うとか，絵を描くとか，小物を作るとか，なんでもいいから，何か“すること”があるといいでしょうね。ただ集まるだけではなく，集まる“口実”があるといいのかなと思います。

大嶋　実は「それいゆ」で，3年前から農家と提携して農業を始めたんです。言葉ではなく農作業を通じてつながる試みです。以前，果敢にもこっそりネコを飼ったメンバーがいて，ネコを飼っていることが歯止めになって入院せずに生活しようとがんばれたりもしたのですが，急に入院が決まって大騒ぎになったことがありました。そこで今では，「まずは農作物の世話から始めてみない？」とメンバーには勧めています。

宮地　それはいいですね。しゃべらなくても参加できるし，ちゃんと作物が育って，実がなって，それを食べて，身体の一部になっていくというプロセスも含めて。そういう経験が，次の「場」をまた育てていくのかもしれません。

大嶋　そうですね。コロナ禍とともにオンライン・ミーティングの機会が増える一方で，自分の顔を画面に出すのは苦手な人もいたり，相手のうなずきに神経を擦り減らしたりする人もいるようです。直接会っていたら相手の気持ちや距離感が空気でわかるのですが……その意味では，コロナ禍のなかで，「傷を生きる」ということは大きな変化を迎えつつあるようです。

宮地　先日，テレビのコマーシャルで，Apple

Watch で心電図が簡単に取れることを知って，大きな変化が訪れていると実感しました。こんなふうに持続的な生体モニタリングが簡単になれば，入院中にナースステーションから遠隔モニタリングをするように，病院の外でも操作ができるようになるかもしれません。もしかしたら，解離やフラッシュバックを起こしたことが遠隔でモニタリングできるようになったり，本人も気づいていなかったフラッシュバックのトリガーが明らかになったり，フラッシュバックが起こる前にストップサインが出たりするかもしれない。新しい技術には警戒も必要だし，悪用される恐れもあるけれど，回復を後押ししてくれる可能性もあります。コロナ禍とともに，「傷を生きる」ことは，たしかにいろんな意味で転換期を迎えつつあるのかもしれませんね。

［2021 年 3 月 3 日｜Zoom による収録］

▶**注**

1──「性暴力の被害者は自分の身体から何ものかをひき剝がそうとするしぐさをすることがある。自分の腕の肉をもぎとろうとするようなしぐさ。首のまわりから何かを追い払おうとするしぐさ。相手の意図に反して，かすかに触れる，ということは，暴力的である。接触性のトラウマを受けた者は，自分の体内に，自分の皮膚に沿って，しっかりと住まうということがとても難しくなる」（宮地，2020a［p.9］）

2──論文「マルトリートメントとレジリエンス」（宮地，2021a）では，『父の逸脱─ピアノ・レッスンという拷問』（新泉社［2017］）を著した医師セリーヌ・ラファエル，『母を捨てるということ』（朝日新聞出版［2020］）を著した内科医おおたわ史絵，『小児期トラウマと闘うツール─進化・浸透する ACE 対策』（パンローリング［2019］）を著した小児科医ナディン・ハリスという 3 人の事例を考察しながら，個人の資質と環境要因との相互作用を分析している。

▶**文献**

ジュディス・L・ハーマン［中井久夫 訳］（1996）心的外傷と回復．みすず書房［増補版＝1999］.

戒能民江，堀千鶴子（2020）婦人保護事業から女性支援法へ─困難に直面する女性を支える．信山社［信山社新書］.

小林亜希子（2021）二次受傷のセルフケア―援助者のための
　　マインドフルネス．臨床心理学 21-4；451-456.

宮地尚子 編著（2004）トラウマとジェンダー―臨床から
　　の声．金剛出版.

宮地尚子（2007）環状島＝トラウマの地政学．みすず書房
　　［新装版＝2018］.

宮地尚子（2013）トラウマ．岩波書店［岩波新書］.

宮地尚子（2016）虐待サバイバーとレジリエンス．子ども
　　の虐待とネグレクト 17-3；346-352.

宮地尚子（2020a）トラウマにふれる―心的外傷の身体論
　　的転回．金剛出版.

宮地尚子（2020b）ドメスティック・バイオレンス（DV）
　　とトラウマ―親密的領域での暴力は被害者から何を奪う
のか．In：トラウマにふれる―心的外傷の身体論的転回.
　　金剛出版，pp.101-123.

宮地尚子（2021a）マルトリートメントとレジリエンス.
　　精神科治療学 36-1；73-78.

宮地尚子 編（2021b）環状島へようこそ―トラウマのポリ
　　フォニー．日本評論社.

大嶋栄子（2019）生き延びるためのアディクション―嵐の
　　後を生きる「彼女たち」へのソーシャルワーク．金剛出版.

齋藤純一（2008）政治と複数性―民主的な公共性にむけて.
　　岩波書店［岩波現代文庫＝2020］.

スティーヴン・ウォーリン，シビル・ウォーリン［奥野光，
　　小森康永 訳］(2002)サバイバーと心の回復力．金剛出版.

📝 ［特集］トラウマ／サバイバル

傷つきのリトルネロ

DV を通して加害と被害を考える

信田さよ子 Sayoko Nobuta

原宿カウンセリングセンター

I　はじめに

　10 年後の日本で，2020 年と 2021 年を振り返ったとき，コロナとオリンピックのふたつの言葉がキーワードになるのではないだろうか。複雑性 PTSD が反復的に繰り返されるトラウマだとすれば，今私たちはその只中にいるのではないかと思う。一方で日本は毎年のように豪雨，台風，洪水，地震といった災害に見舞われる。このような社会的規模の被害の陰に隠されているのが，親密圏における被害であり，災害時に発生する性暴力被害である。阪神・淡路大震災の際の性被害について支援経験者から聞いた内容は，拙著（信田，2008b）にも記した。また東日本大震災など避難所生活をする際の多くの性被害についても，近年明らかになっている。災害や傷害事件などの被害に比べて，家族内暴力や性暴力は被害が表面化するまでには膨大な時間がかかる。

　本稿では家族内暴力のひとつである DV に焦点を当てて，被害と加害の関係性およびそれをめぐる時間軸について述べてみたい。被害を自覚し被害者としての当事者性を帯びた後ではどのような支援・ケアが必要か，配偶者と離別した後の子どもの問題はどうか，と次々と生起する問題は，ま

るで何幕もある演劇のように思える。そこには大団円も終幕もなく，エピローグの言葉もない。劇がつづくうちに，まるで転身（メタモルフォーゼ）するかのようにいつのまにか別の劇が始まっているのである。

II　DV の包括的援助

　筆者は DV 被害者のグループカウンセリングに 20 年来かかわり，一方で NPO 法人を通して DV 加害者プログラムも実践している。DV 被害母子を対象としたコンカレントプログラムも不定期的に実施しており，DV と虐待，加害者と被害者を同時に視座に入れた DV の包括的援助をつづけてきた。

　このような経験から，司法モデルによる単純化した二極化，病理化による責任の解除などの危険性に加えて，過去から未来を見通した長期的な視点の必要性も痛感させられる。次に支援の順序を述べる。

1. 援助者にとってはまず「今ここにある危機」への対処を優先すべきであることはいうまでもない。誰にとって，どのような，どの程度の危機なのかというリスクアセスメントが不可欠である。

危機が現実的な問題となるのは，脆弱性の高い存在（子ども，女性）においてであり，被害者救済が最優先となる。現在のDV対策において，この第一段階で終わっていることは残念である。

2. 被害者の安全確保に伴い，今後予測されるPTSD的症状の出現への対処をすること。そして自らがDV被害者である当事者性を獲得するための心理教育的アプローチと，グループカウンセリングを通して仲間とのつながりを形成することが必要となる。

3. 警察の介入や民間相談機関の協力によって，加害者をプログラムに導入する。そこでは彼の行為が暴力であることの学習を促進しつつ，同時に彼の人格は尊重するという二重の態度が重要である。変化は可能であり，彼らが暴力の責任を取ることができる存在だと強調する。

4. 加害者も被害者もそのなかで付随して想起される被虐待経験に対しては，個別的アプローチと同様に虐待に関する心理教育的アプローチも行う。

5. 必要に応じて医療機関の受診と弁護士紹介を行う（複数の連携先を確保しておく）。

III　家族における被害者

以上のような順序でDVの被害者・加害者にかかわってきたが，グループやプログラムにおいて使用する言葉は緻密さが必要となる。

被害という言葉の使用は2000年代に加速化している。ハラスメントという言葉，遅まきながらの性暴力厳罰化への動きなどによってである。しかし家族における暴力は秘匿され隠蔽されたままである。その原型をDVにみるか，虐待にみるかによって援助者の立ち位置は微妙に異なる。この2つは所轄官庁が異なるからだ。また親子関係を重視する虐待と夫婦関係を重視するDVは，それぞれヒューマニズムとフェミニズムといった思想への重点の置き方が違いを生んでいる。

しかし一般の人たちは虐待とDVのこのような違いを知らず，残虐な親と暴力夫をいっしょにして「加害者」と呼んでいる。また児童相談所と婦人相談センターとの意志の疎通が円滑ではないという事実も，ほとんど知られていない。しか

し21世紀の初頭に，虐待とDV双方の防止法が制定されたことで，とにかく家族の中に暴力が蔓延っていること，それを受けた人を被害者と呼ぶことが共有されただけでも，多くの救われる命が生まれたと思う。

IV　医療と司法のはざまにある被害

筆者の臨床歴は70年代のアルコール依存症から始まり，臨床の場の変化に伴って対象が変化・拡大している。50年近いその流れにおいて，筆者が力を注いできたのは，診断名に回収されない新たな定義語を使用すること，従来の意味（診断的な）の再定義を試みることであった。研究者や専門家に向けてではなく，カウンセリングに来談するクライエントの背後に広がる，名前がないために援助につながれない膨大な人たちに向けての試みだった。たとえば1996年のAC（アダルトチルドレン）（信田，1996），2009年の共依存についての著作（信田，2009）などは，80年代のアメリカにおけるレーガノミクスの影響を受けた新自由主義的で大衆心理学的なワードを再定義したものである。また2008年の「墓守娘」（信田，2008a）は，母との関係を支配・被支配といった政治的（ポリティカル）な文脈によって定義しようとした。

これらは従来の精神医学的モデルによる「病理」「疾病」化とは一線を画し峻別する試みであり，医療モデルから政治的モデルへのずらし（シフト）ともいえる。

一方で，DVと虐待は暴力とされ，犯罪・司法モデルによって定義される。「DVは犯罪です」といったスローガンのように，その臨床も警察や家庭裁判所とのつながりを抜きには存在できず，司法的（フォレンジック・リーガル）な定義から出発している。殴られ罵られる女性たちが，暴力の被害者であると司法的に判断されることで，怒らせる妻が悪いといった家父長的な価値観から女性たちを解放した。そのことがどれほど女性たちに意味があったのかはここで述べるまでもないだろ

う。被害者という司法的判断に裏付けられた定義によって，責任は加害者にあり，自分たちはむしろ支援されケアされる存在になったのである。被害者にとって，司法モデルは生命線としての役割を果たしている。

2001年のDV防止法制定から20年が過ぎたが，毎年11月に実施されるDV防止月間のスローガンが2000年代初めの「DVは犯罪です」から近年は「被害者にもならない，加害者にもならない」へと変化していることは何を表しているのだろう。いまだに内閣府からはDV加害者対応への積極的な言及はなく，被害者支援も，保護命令と被害者をシェルターに逃がすだけの貧困な対策しかない。このことは，被害者＝弱者＝正義，加害者＝凶悪といった短絡的な二項対立へとつながっているのではないだろうか。

加害者と定義することと，ある行為を暴力と定義することは違う。メディアも含めてDV加害者という言葉を人格否定的なニュアンスをもって使用することは，百害あって一利なしだ。加害者政策を伴わない司法モデルの独走が，かえって加害者による否認と行為の変容を阻害することにつながっているのではないか。加害・被害という司法モデルに限定的に依拠しながら，加害について，ひいては被害についても複層的にとらえるべきだろう。

DV対策の基本が被害者支援にあることは言うまでもないが，医療モデルと司法モデルのどちらにも偏らないことが重要だと考えている。

筆者のこれまでの臨床実践の場は，2つのはざまに位置している。民間の心理相談機関というあまり例をみない場は，医療からも，司法からも，さらには行政機関という枠組みからも自由だからである。

V　被害者の告発が加害を浮かび上がらせる

ここでもっともシンプルな地点に立ち返ろう。DVとは女性の問題なのかと問いかけてみる。諸外国でも，DVに関するムーブメントの多くは

フェミニストや女性団体が主流となっているため，まるでDVは女性問題であるかのように誤解されている。殴る男性（女性）がいなければ，殴られる女性（男性）は存在しない。つまりこれは原理的には暴力をふるう側の問題なのだ。

しかし現実は異なる。暴力をふるった人が「暴力をふるわないようになりたい」と相談に訪れる例は多くない。社会学者の岸政彦（岸・國分，2017）が述べているように，マイノリティからの告発があって初めてマジョリティの自覚が生まれるとすれば（沖縄のウチナンチュが本土の人をナイチャーと呼ぶように），DV被害者の告発があって初めて自分の行為がDV（加害）だと自覚を迫られるのである。つまり加害とは「被害者からの告発」によって「自覚を迫られる」という受動的な契機を伴っているといえよう。

VI　被害者という自己定義

では，DV被害者は最初からそのように自己定義しているのだろうか。原宿カウンセリングセンター（以下，センター）の来談者の多くが女性だが，最初からDV被害を主訴とする人は10%に過ぎない。多くは他の主訴で来談し，カウンセリングを経てDV被害が明らかになることが多い。たとえば，夫が発達障害であるという相談の多くは，身体的・言語的DVを伴っている。また息子の引きこもりの相談に訪れた女性の多くが，過去に，時には現在も身体的DV被害を受けている。極論すれば，子どもの引きこもりやアディクションなどで来談する母親の多くが，夫からのDV被害者であるといってもいい。彼女たちはそれを自覚しないことで母としての日常生活を維持しているため，DV被害というカウンセラーによる定義を拒否する人もいる。

すでに述べたように，DV被害という再定義によって救われる女性は多い。理不尽な経験だった，自分が悪いわけじゃないと考えることで，今の生活を変える希望にもつながるからだ。

その一方で，再定義を受け入れることは，夫へ

の敗北を認めることであり，結婚生活に失敗した，みじめな自分に向き合うことを意味する。一番大きいのは，自分が被害者なら夫は DV の加害者になるという認識の転換を強いられる点だ。このまま自宅に戻れば，DV 加害者である夫と顔を突き合わせて生活しなければならないと考えると，これまでの生活が一変する。これは救いであると同時にある種の絶望感も伴うだろう。多くの女性たちは，これまでの生活を捨てたくない，捨てるわけにはいかない（経済的理由もある）と考えて，自己の再定義を拒否することもある。夫から怒鳴られたり殴られればすぐに「自分は DV 被害者だ」と考えるほうが稀だろう。

VII　DV 被害者のグループカウンセリング

センターでは 20 年近く，DV 被害女性のグループカウンセリングを実施している。上記のような女性たちに，グループを見学してもらうことがある。一対一のカウンセリングでカウンセラーから「それは DV ではないでしょうか」と言われれば，抗うかそれとも受け入れるかの二択になりがちだ。しかしグループでは，参加者の発言に同じ経験を感じ，今の自分の分身を参加者の姿に見ることもできる。彼女たちが自らの経験を明確に言語化し，見学する自分に対して「同じ経験をした仲間」という眼差しを送ることで DV 被害者であることを受け入れられるようになるのだ。このような光景は珍しくない。

仲間（同じ経験をした人）を知ることで，DV 被害者として自己を再定義することができるようになるのだ。みずからを被害者と認めることは，マイノリティ化することを意味する。アディクションの自助グループにおいて，同じ経験をした人（仲間）がいることを知って初めて自分がアルコール依存症だと認められることに似ている。

このようなプロセスを踏むことで初めて DV 被害者が誕生するのであり，どれほど殴られても「そんなもんだ」と考えていれば，いくら痣ができようと DV 被害者「ではない」。

ときには長い時間をかけて DV 被害者という自己定義を受け入れていくのだが，そこには仲間の存在が欠かせない。

VIII　DV 加害者という定義が立ち上がる

加害があって被害があるという時系列とは逆に，DV 被害者という自己定義（当事者性の獲得）があって，初めて DV 加害者という定義が立ち上がることになる。しかし「あなたの行為は DV だと思う」と夫に向けて言語化するには相応の力の蓄積が不可欠である。夫からの攻撃が怖くて伝えられない人が多いが，グループではその場合のシミュレーションも行う。いくつかの可能性を考えて，その都度どのような行動をとるかを事前にグループで考えておくのだ。さまざまな段階の女性が参加しており，筆者の示唆よりも経験談が生きることのほうが多いのも事実だ。

たとえば逃げて家を出る際の置き手紙やメールなど，対面状況を避けたうえで「あなたの行為は DV だと思います」と伝えることが，日本では現実的だ。カナダやアメリカでは，110 番通報して駆け付けた警察官によって DV という定義がなされるが，日本では妻がみずからそれを行わなければならない。これは過酷ではないだろうか。

DV 加害者は，ほぼ全員が妻からの「一方的で勝手な定義」に怒るのだが，家を出た妻に戻ってきてもらうために，そして子どもに会うために，不同意のままに DV 加害者という定義を屈折した思いで受け止めるのである。

IX　被害者意識に満ちた DV 加害者

DV 加害者プログラムの参加男性たちの言葉を借りればこのようになる。

　「妻は自分のことを DV 加害者だと言うが，むしろ自分のほうが被害者だ」
　「これだけ普段我慢しているのに，それを理解しようとせずにあんな口調で言われたら誰でもキレますよ」

彼らの正直な気持ちは,「妻と再同居したい,子どもにも会いたい,だから本当はいやだし納得していないけれど,このプログラムに参加している」というものだ。

被害者意識といっても,彼らはストレートに自分が被害者だと考えているわけではない。①もしも妻（パートナー）が被害者だと主張するなら,②それは間違っている,③なぜなら妻に対して我慢してきた自分こそ被害者なのだから,④それに勝手に加害者呼ばわりすることは暴力だ,という順序をたどる。このような屈折した思いが,彼らのプログラムでの発言につながっている。おまけに②を声高に主張するわけではない。そんな態度をとれば自分が不利になることはわかっているので,むしろ妻がいかにひどいか,自分が我慢を強いられているかという被害者性を強調するのだ。

被害者意識を「させられた感」と表現すればわかりやすいだろう。彼らは「すべて妻のせいだ」と考え,「妻からさせられた感」に満ちている。このような妻への被害者意識だけではない。彼らの一部は親からの被害や仕事上の抑圧感などを,妻が理解してくれない,妻が察してくれないという恨み・怒り・孤立感に転換していることも多い。

DV加害者プログラムは「被害者支援の一環」として実施されるため,彼らのそのような態度は,暴力の「否認」や「矮小化」であると判断されてきた。しかし10年ほど前から,このような彼らを断罪する表現は用いられなくなった。被害者の立場から彼らを鮮明に批判することは,加害者の変化や更生を促進するどころか,むしろ再発のリスクを高めてしまう懸念もあるからだ。このことは,冒頭で述べた司法モデルの硬直化による「加害者＝悪」論が,DVの再発につながりかねないことを示唆している。

Ⅹ　加害者トラウマと司法モデル

アディクションとトラウマの関連がここまで注目されているときに,その出現のひとつとしてDV加害をとらえることができるのだろうか。こ

れはかつて語られたような「加害者は被害者なんですよ,彼らはみんな虐待被害者なんですから」といった単純な話ではない。多くの心理職が加害者臨床を避けるのは,加害者臨床の主たる目的が再発防止という「責任をとる」ことにあることも理由のひとつだろう。被害者臨床にはトラウマの問題をはじめとする医学モデルや心理学モデルを適用しやすいが,加害者臨床は責任というワードを抜きには実施できない。

加害者トラウマの問題（加害者の多くがトラウマを負っている）に正面から取り組むことをためらうのは,そこに「正義」の問題があるからだろう。加害＝悪となっているとき,その根源にトラウマ的経験があることを指摘することは,ある意味で悪の相対化につながってしまう。『魂の殺人』（ミラー,1983）において,Hitlerの幼年期における父からのトラウマ的経験がとりあげられているが,加害者における被害者性の強調は,虐待の恐ろしさ（ファシズムの根源となりうる）を指摘することで,正当化されている。

すでに少年院の調査では,非行少年の多くが虐待被害を受けていたことが明らかになっているが,成人の場合はそのような調査すらない。

DVの加害者プログラムにおいて,親との関係を振り返ることがテーマになる回がある。参加男性の半数以上,多いときで8割が父から母へのDV（その逆もある）を目撃している。この原家族における面前DV被害と成人後の暴力加害に深いつながりがあることはすでに研究されている。

センターでは加害者臨床の実施を標榜しているため,多くの加害者が来談する。デートDV,性暴力,セクハラなどの男性加害者たちは,被害者の告発によって所属する組織や弁護士からの紹介で来談する。

彼らの一部に,加害行為の記憶がない人がいる。妻の発言にキレそうになってからの記憶がなく,ふっと我に返ったときには妻が倒れていた,というのだ。また夜道で女性への抱きつき行為で逮捕された男性は,後を尾けたことは覚えているが,

ふっと気がつくと女性を押し倒していたという。

聴きようによっては自己弁護か嘘言と解釈されかねないが，彼らも深くそのことで困っているのだ。カウンセリングで丁寧に聞いていくと，記憶が途切れる経験が初めてではないこともわかる。記憶が飛ぶという表現はしばしば薬物依存症者たちが用いるが，彼ら加害者はしらふで記憶を飛ばすことができるのかもしれない。彼らの多くは「父が厳しかった」「愛の鞭ですね……」などと語るのだが，よく聞いていくと激しい虐待を受けていたことがわかる。そして殴られているときの記憶がないということも想起できるようになる。

XI　加害者の記憶，被害の記憶

「加害者は加害記憶を喪失する，しかし被害者は死ぬまでそれを抱える」という，絶望的なまでに不平等な図式は，虐待においてはごく当たり前のように散見される。子どもからの告発を受けた親は，覚えてないと言い張り，時には告発した子どもがヘンだと責める。40歳を過ぎて初めて親に対して過去の虐待記憶を訴えた際に，ケロッとして「つくり話なんかやめなさい」と言う親の姿を見て脱力した，という体験は珍しくない。その最たるものが性虐待である。DVの場合は被害者の告発によって加害者が自覚を迫られることもあるが，加害者（親）のほうが圧倒的権力（世間の常識）をバックにしているため，蟻と象のように，加害者という定義すら跳ね除けられてしまうのだ。

一方，被害者のフラッシュバックはかなり重篤なものがあり，PTSD的な解離を呈する人も珍しくないが，DV被害者グループの参加女性の約半数はセンターと連携している心療内科にうつ状態で受診している。いわば被害者は，ある期間は過去に引きずり戻される日々を送るしかないのであり，未来という言葉は，3カ月先まででとどめておくことを心掛けているほどだ。

さらに加害者の場合，自らの行為が相手に重篤な影響を与えたという自覚はない。おおげさだ，作り話だという反応がほとんどだが，加害者プログラムに参加してトラウマやPTSDについて学ぶと衝撃を受ける人も多い。振り返ってもっとも苦しかったのが，そのときのことだったと語る人もいるくらいだ。

これらは，被害を自覚することより，「加害の自覚」のほうがはるかにおそろしいことを表してはいないだろうか。自分のやったことは自分が悪い，だから「申し訳ありませんでした」「反省しています」と謝罪すればいい，こうして更生するのだという表面的な加害自覚はむしろ簡単かもしれない。

坂上香監督による映画『プリズン・サークル』において描かれたテーマのひとつは，自らの加害に直面することの困難さではないだろうか。家族における暴力の多くが，自分は正しい，これは愛情だ，という不作為の暴力である。自らの存立基盤である夫・親の正しさを崩されるからこそ，加害という定義を受け入れられないのである。

いくら正しいと思っていても，愛情の一環と思っていても，被害を受けたと自覚したパートナーから告発されれば，それは加害になってしまう。この「正しさ」をめぐる不一致と，相手に与えた影響を推し量れないほどに正しさが横溢してしまうことが，家族の恐ろしさであり，裏返せば家族の存在意義なのかもしれない。そこに介入するためには，正しさによって存在を脅かされた人を，さらに上位の正しさ（司法）によって被害者と判断することが必要となる。これが暴力という言葉の意義であり，加害・被害という司法モデルの存在意義なのだ。

XII　おわりに

司法モデルによる被害者・加害者という定義が意味を持つのは，いったいいつまで続くのだろう。再同居，離婚を経てからも，日常生活は続く。子どもの成長とともに，時には新たなパートナーが登場する可能性もあるだろう。しかし重要なことは，DV被害者としての経験をその後の人生に

どのように位置づけるかにあるのではないだろうか。無駄な経験とするのか，忘れたいできごととするのか，それとも親や子との関係を新たに考える契機ととらえるのか，自らのジェンダー意識を問うきっかけにするのか……。苦しいときの医療モデルによる病理化，司法モデルによる自己の再定義は踏切板のような役割を果しただろう。しかしその後も生きていかなければならないとき，その「はざま」を問うことこそがもっとも大きな意味を持つのではないかと思う。

▶ 文献

岸政彦，國分功一郎（2017）それぞれの「小石」―中動態としてのエスノグラフィ．現代思想 45-20；42-63.

アリス・ミラー［山下公子 訳］（1983）魂の殺人―親は子どもに何をしたか．新曜社［新装版＝2013］．

信田さよ子（1996）「アダルト・チルドレン」完全理解．三五館.

信田さよ子（2008a）母が重くてたまらない―墓守娘の嘆き．春秋社.

信田さよ子（2008b）加害者は変われるか？―DVと虐待をみつめながら．筑摩書房.

信田さよ子（2009）共依存・からめとる愛．朝日新聞出版［朝日文庫＝2012］．

[特集] トラウマ／サバイバル

格差・貧困・ジェンダー

丸山里美 Satomi Maruyama

京都大学大学院文学研究科

　新型コロナウィルスは，世界中で，特に女性の生活に打撃を与えたといわれている。日本においても，雇用の調整弁になりやすい非正規労働者であったり，外出制限の影響を大きく受けたサービス業に就く割合が高い女性がより生活に困窮する傾向があり，保育園・幼稚園や学校が休園・休校になったことでも，子育て中の女性は仕事を休まざるをえなかったり，仕事の継続が困難になったりした。このようにコロナ禍は，以前から存在していたジェンダー構造に関わる貧困の問題を，よりクローズアップさせたといえる。

　私は，新型コロナウィルスが猛威をふるうずっと以前から，女性のホームレスや貧困について，社会学の分野で研究をしてきた。本稿では，女性の貧困，なかでも女性のホームレスについて，彼女たちがどのような人たちでどのような生活をしているのか，そしてそれがどのように社会構造やジェンダーと結びついているのかを書いていきたい。

I　女性ホームレスとはどんな人たちなのか

　ホームレスというと，中高年の男性を思い浮かべる人が多いだろう。実際，2021年の厚生労働省による調査では，全国で確認された野宿者3,824人のうち，女性は197人と，女性は全体の5.2%を占めるにすぎない（厚生労働省，2021a）。しかしこれは，「ホームレス」を，野宿者としてとらえた場合のことである。日本では「ホームレス」という言葉は，路上生活をしている人を指すのが一般的であり，「ホームレスの自立の支援等に関する特別措置法」でも，「ホームレスとは都市公園，河川，道路，駅舎その他の施設を故なく起居の場所とし，日常生活を営んでいる者をいう」とある。しかしホームレスを，文字どおり家がないことと解釈すれば，路上生活以外にも，さまざまな状態を考えることができる。そして欧米諸国では，広く家がない状態の人を含めてホームレスということが多い。

　ヨーロッパでは，ホームレスの状態を，①屋根なし（roofless），②家なし（houseless），③不安定，④不適切という，大きく4つに整理することが一般的である。①の「屋根なし」とは，文字どおり路上生活をしている野宿者，②の「家なし」とは，野宿をしているわけではないが定まった住居がなく，施設などに一時的に滞在している人，③の「不安定」とは，家には住んでいるが居候状態やDV被害に遭っているなど，安定した住まいにいるとはいえない人，④の「不適切」とは，過密住宅や

一般的に住居には適さないと考えられる場所に住んでいる人を指す。①から④にいくにしたがって，ホームレスの定義はより広いものになっているが，このどこまでをホームレスの概念に含めるのかは，地域の慣習や議論の目的によって異なる。日本では①のみがホームレスと呼ばれることが多いが，世界的には②まで含めることが多い。

日本においてこの②の定義を採用するなら，野宿者はもちろん，定まった住居がなくネットカフェや深夜営業の喫茶店などで夜を過ごしている「ネットカフェ難民」，住む場所がないため一時的に福祉施設に滞在している人（DVシェルターに避難している人も含まれる），病院や刑務所を出たあと行くところがない人なども含まれるだろう。このように考えれば，路上にあらわれているよりもはるかに多くの人が，ホームレス状態にあることがわかる。

そして重要なのは，ホームレスの定義を広くとらえるなら，そこには女性が多く含まれてくるということである。たとえば，ネットカフェ難民を対象にした調査では，女性は17.4％を占めており（厚生労働省職業安定局，2007），野宿者調査と比べると，女性の割合は高くなっている。DVから逃れた女性も，路上生活をするよりも，シェルターに滞在することが多いだろう。このように女性は，路上生活ではない「隠れたホームレス」の形で存在しやすく，ホームレスを広い定義でとらえれば，ホームレスは男性だけの問題ではなく，相当数の女性の問題でもあるということになる。実際，ヨーロッパの女性ホームレスに関する研究では，DVシェルターやシングルマザー向けの施設にいる女性たちも，ホームレスとしてカウントされている（Mayock & Bretherton, 2016）。

Ⅱ　なぜ女性のホームレスが少ないのか —女性は貧困にすらなれない？

コロナ禍で明らかになるまでもなく，女性は男性と比べて，より貧困に陥りやすい。たとえば，貧困率を男女別でみると，男性は14.4％，女性は17.4％と，女性のほうがより貧困であるといえる（内閣府男女共同参画局，2010）。

そのようになる最大の理由は，性別役割分業である。戦後日本の社会では，家族のなかに男性稼ぎ主がいて，女性は主に家事育児を担うという家族形態が標準的であった。そのため女性は専業主婦や，働いていてもパートなど低賃金で不安定労働であることが多かった。男女雇用機会均等法の施行以降は，女性も男性並みに働く道が開かれてきたが，現在でも男性の非正規労働者は労働者全体の22.8％であるのに対し，女性では56.0％であり（内閣府，2020），女性労働者の賃金は正規労働者に限っても，男性の74.3％しかない（厚生労働省，2021b）。

それでも家族のなかに，父や夫という男性稼ぎ主がいれば，そのことが貧困に直接つながる可能性は大きくはなく，女性の生活は男性稼ぎ主に依拠し，経済的には比較的安定しているだろう。そして，こうした標準家族は社会保障でも優遇されてきた。税金や社会保険の配偶者控除は，パート労働を選択するよう女性を方向づける制度であり，見直しが進められている「第3号被保険者」も，被雇用者の妻を無拠出で国民年金に加入させるという，標準家族を優遇する制度になっている。

しかしこの「標準家族」から逸脱すると，つまり単身であったり，死別・離別などで男性稼ぎ手を失うと，女性は貧困に直面する可能性が途端に大きくなる。その典型例が母子世帯の母親や，高齢の単身女性，未婚の若い単身女性であり，こうした女性たちの生活が，女性の貧困の例として，メディアでもとりあげられてきた。

しかし女性が男性に比べてより貧困なのであれば，なぜホームレスに限っていうと，女性は圧倒的に少ないのだろうか。より貧困であるはずの女性たちは，ホームレスになっていないとすれば，いったいどこにいるのだろうか。

その理由のひとつとして，女性が世帯主の世帯がそもそも形成されにくいことがある。先述したとおり，日本では男女の賃金格差が依然として大

きく，女性が独立して生計を立てるのは容易なことではない。それゆえ，たとえ結婚生活が困難なものであっても，女性はなかなか離婚に踏み切ることができない。日本は，他の先進諸国で見られるような「貧困の女性化」（貧困世帯のなかで女性が世帯主の世帯が多数を占めること）が見られない「特殊なケース」だといわれており，このことを June Axinn は，「日本の女性は貧困の女性化を達成するほど自立していない」と表現している（Axinn, 1990）。つまり日本では，女性の経済的・社会的地位が低いために，女性が父親や夫の扶養を離れて独立した世帯を営むことがそもそも難しく，「貧困にすらなれない」女性も世帯のなかに多く存在するのである。このことが皮肉にも，女性がホームレスになったり，女性の貧困が顕在化することを防いでいる。

III　貧困女性を受けとめる福祉と性産業

　女性のホームレスが少ない第二の理由として，女性は男性と比べて福祉制度を利用しやすく，それが路上に出る一歩手前で女性を受けとめていることがあげられる。

　生活を保障するための制度は，保険と扶助とに大きく分けられる。雇用保険，医療保険，年金などの社会保険は，労働の報酬から保険料を拠出することになっている。したがって失業や病気，高齢化などによって生活保障が必要な状態になると，拠出に対する権利として給付が行われる。一方，生活保護に代表される扶助は，拠出なしでも最低限の生活を保障される制度であるため，権利ではなく恩恵と考えられており，受給に際しては資力調査が行われるとともに，その生活水準は最低限度のものに抑えられる。このように保険と扶助との間には序列が存在しているが，それは男女の分断とも重なっている。男性は賃労働をすることが多いために社会保険に結びつきやすく，女性は雇用期間が十分に長くなかったり，賃労働をしていても低賃金の仕事になりやすく，生活保障が必要になると社会福祉や公的扶助の利用に結びつ

きやすい。つまり，保険と扶助は二層構造になっており，男性と女性に不均衡に配分されているのである。

　それゆえ，男性が社会保険の網から漏れ，社会福祉や公的扶助を利用しようとするときには，稼働能力の有無が厳しく問われることになる。稼働能力があると判断されると，現実には仕事がなかったとしても，社会福祉や公的扶助の利用は認められずに，野宿生活に陥ることになりやすい。一方，女性の場合には，そもそも社会保険から排除されがちであるため，男性と比べて社会福祉や公的扶助の利用が認められやすいのである。しかしその際に必要な資力調査は，本人の財産や収入だけではなく，収入をもたらしてくれる可能性のある男性関係にまで及び，生活の細部にわたって監視や管理が入り込むことになる。

　しかしこうした資力調査や最低限度の生活を受け入れる限りにおいて，女性は福祉制度や公的扶助を利用しやすく，それらが路上に出る一歩手前で女性を受け止めているというのが，女性の野宿者が少ないもうひとつの理由であろう。

　女性のホームレスが少ない第三の理由として，性産業が貧困女性のセーフティネットになっているということがある。2014年1月のNHKの「クローズアップ現代」では，寮や食事，託児所つきの風俗店で働く女性が増えているという報道がなされ，「福祉が風俗に敗北した」と大きな話題になった。しかし性産業の世界に入る女性が増えた結果，競争が激化し，もはや性産業も若い女性ならすぐに稼げる仕事ではなくなってきているとの指摘もなされている。

IV　私が出会った女性野宿者たち

　しかし，それでも野宿生活を送る女性たちがいた。公園のテントで内縁の夫とともに暮らす60代のユウコさんは，高校卒業後，貿易会社に就職。結婚するも数年で離婚，子どもは持たずにバリバリ働き続けてきた。その後独立し，社員2人の小さな貿易会社を設立。50代で，大工をしていた

男性と内縁関係になる。しかし不況で彼女にも夫にも仕事がなくなり，家賃を滞納して家を出て，夫とともに野宿生活をするようになった。

　ユウコさんは，夫からDVを受けており，夫と暮らす公園のテントから逃げたことがある。福祉事務所に相談に行き，そのままシェルターで保護されることになった。シェルターに入所中，様子を見に公園に来てみると，夫は食事をしておらず，それならペットの猫の餌もないのではないかと，心配になって公園に戻ってきてしまったという。シェルターは居心地がよかったが，「だんなにも食べさせなきゃならない」と，ユウコさんは言った。2人はユウコさんの年金収入で暮らしており，望めばユウコさんは夫から離れて一人で野宿生活を脱することもできた。しかし彼女は，「一回一緒になったらそう簡単には別れることはできない」と語るのだった。

　公園のテントで内縁の夫と暮らす30代のタマコさんは，軽度の知的障害があり，4級の療育手帳を持っている。小学校は普通校，中学では養護学校に行き，卒業後，工場に就職。両親は障害のある彼女の生活にさまざまに干渉し，それを窮屈に感じたタマコさんは家出を繰り返すようになる。家出中はテレホン・クラブで出会った男性に金銭をもらって生活していた。その後，テレクラで出会った男性と結婚するが，1年半で離婚。また家出を繰り返すようになり，家出中に知り合った男性と野宿生活を1年半続けていた。

　タマコさんに今後の生活の希望をたずねると，さまざまな一貫しない答え方をしており，野宿生活は不便なのでアパートで暮らしたい，一人暮らしをしてみたいと言うこともあれば，内夫と2人で生活保護を受けたいということもあった。一度は内夫と2人で生活保護を受けてアパート暮らしをしようと，その第一ステップとして施設に入ったこともあったが，施設に着いてすぐ不安に駆られてそこを飛び出したということもあった。私が調査している期間中，内夫がある事件により警察に拘留されると，別の男性野宿者とホテル暮らし

をはじめ，その生活が不安になって一人で施設に行くが，その当日に内夫が戻ってくると知って，施設を飛び出して公園に戻っていったこともあった。このようにタマコさんは，夫や周囲の男性，ソーシャルワーカーなどとのときどきの関係に応じて，路上で暮らしたり，施設に入ったり，また路上に戻ったりを繰り返していた。

　河川敷にあるテントで内縁の夫と暮らす60代のイツコさんは，当時で15年間そこでの生活を続けていた。13歳から工場で働きはじめ，15歳で職場で出会った男性と結婚。子どもが2人生まれるが，20代後半で離婚，子どもは父親に引き取られる。その後の生活については不明な点が多いが，50代で男性と河川敷で野宿生活をするようになった。内夫は日雇労働で得る収入をすべて管理しており，イツコさんは2人分の食費などをもらっていたが，残りは内夫がパチンコなどに使ってしまう。そのため彼女は少しでも不足を補おうと，細々とアルミ缶回収などで自身の収入も得ていた。

　イツコさんは十分に生活費を渡してもらえないこと，ときどき受けていたDVも激しくなっていたことから，内夫から逃げることを考えはじめる。そのためにはどうすればよいか，一人で福祉事務所に行って相談をし，また2つの異なる支援団体が申し出る支援策との間で迷う。そして，内夫から確実に逃れられない危険があり，またイツコさん自身の金銭的負担は大きかったが，もっともスムーズにアパート暮らしに移行できる支援策を示した支援団体に，半ば身を任せるようにして生活保護申請をし，内夫を河川敷に残して一人でアパート暮らしをはじめた。

V　彼女たちの「意志」

　こうしたホームレスの女性たちとつきあうなかで感じたのは，野宿生活を続けるのか否かという重要な選択に際して，夫の決めたことに従っていたり，聞くたびに矛盾することを答えたり，施設に入ってはまた戻ってくるということを繰り返し

ていたり，成り行きに身を任せていると思われる女性が少なくなく，その人自身の意志はなかなか見えてこないということだった。

　どこで誰と暮らすかという選択を迫られたときの，簡単には理解することが難しい彼女たちの行為や言葉は，Carol Gilligan が「もうひとつの声」と呼んだ女性たちの声を思い起こさせる（Gilligan, 1982/1986）。従来の発達理論においては，女性の道徳判断は，規則や普遍的な正義の原理に従う段階まで到達せずに，他者を気づかうだけの低い段階にとどまってしまうとされてきた。しかし Gilligan は，発達段階をはかるものさしが男性を基準にしてつくられており，伝統的に女性の徳だと考えられてきた他人の要求を感じとるという特徴が，それゆえに女性の発達段階を低いものにしてきたと指摘する。そして，それまでの道徳性概念をかたちづくってきた，権利に重きをおく「正義の倫理」が唯一のものではなく，関係性や責任に配慮する「ケアの倫理」が同時に存在しうると考えれば，葛藤する諸責任の間で決めかねたり混乱していると解釈されてしまう女性の判断もまた，道徳的発達をたどっているのだと主張した。このようにして Gilligan は，女性の道徳的発達が男性をものさしにして評価されてきたことに意義を唱え，わかりにくい女性たちの行為や言葉に一定の解釈枠組みを見出したのだった。こうした Gilligan の解釈にしたがえば，一貫しない言葉をさまざまに発したり矛盾する行為を繰り返す女性ホームレスたちの様子は，野宿をせざるをえないような貧困や暴力のなかで，彼女たちが自分の人生を自分で決める経験をあまり積み重ねてこられなかったこと，そして女性に社会的に求められてきた，自分のことより他人に配慮するという女性役割を身につけているために，主体的に生きていく力を奪われてきたと理解できるのではないだろうか。

　そしてこのような女性ホームレスたちの様子は，従来のホームレス研究やホームレス支援運動のなかで繰り返し主張されてきた「自立」や，そ

の前提にある「主体」のあり方とは異なるように思われた。一般的にホームレスの「自立」といえば，就労して野宿生活を脱却することを指すだろう。ホームレスへの支援システムを定めた「ホームレスの自立の支援等に関する特別措置法」のなかでも，「自立」はそのような意味で用いられている。それに対してホームレス研究や支援運動のなかでは，野宿者は路上でアルミ缶回収などをして収入を得ており，誰の世話にもなっておらず，野宿生活をしたままでもすでに自立しているということが強調されてきた。また，そうした人々を排除しようとする社会に対して，主体的に意義申し立てをする姿が，社会変革への期待を込めて描かれてきた。

　しかし，そもそもこうした人々の「意志」とは何を指すのだろうか。哲学者の國分功一郎は，「意志」とは行為をある主体に帰属させるものであり，行為をする（選択する）ことは意志の有無とは無関係であるにもかかわらず，責任を問われるような場面になると，意志という概念があらわれてくると述べている（國分・熊谷, 2020［pp.116-117］）。このような理解にしたがうなら，路上にとどまり続けているホームレスの「意志」とは，支援策を利用して野宿生活から脱却できる見込みが生まれ，必然的にそれを利用するか否かという選択が個々人に迫られていくことによって，その行為の結果を説明するために，事後的に構築されてきたものだということができる。そして従来の研究で主張されてきた，誰の世話にもならずに生きているという「自立した」ホームレスの像は，はからずも，ホームレスの人々自身にそうなってしまった責任を帰すものになってしまっているといえるだろう。

　それに対して私が見てきた多くの女性ホームレスたちの様子は，もちろんそれぞれの場面でひとりひとりは行為を選択しているのだが，ときどきの体調や気候といった諸条件のなかで，そのときにもっとも信頼できる人との関係性に依存しながら行為し，その結果として，半ば偶発的に野宿生

活を続けるかそこから脱却するかが決まっていっ
ていたと考えられるようなものだった。それは，
野宿を続けるか否かという行為の選択を，主体の
自立した意志に還元しようとすることそのものか
ら，すり抜けてしまうような様子だったというこ
とができるだろう。しかし矛盾や決定することの
難しさを抱えながらこのようにして行為を選択し
ているのは，女性ホームレスたちだけのことでは
なく，男性も含めて多くの人たちに，多かれ少な
かれあてはまることなのではないだろうか。そし
て Gilligan が述べていたのは，むしろ，人間の持
つこうした側面に光があてられてこなかったこと
こそが問題であり，それがジェンダーの偏向ゆえ
にこそ生じていたという指摘だったのではないだ
ろうか。

▶文献

Axinn J（1990）Japan：A special case. In：Gordberg S &
　Kremen E（Eds）The Feminization of Poverty：Only
　in America?. New York：Praeger Publishers.
Gilligan C（1982）In A Different Voice：Psychological
　Theory and Women's Development. Cambridge, MA：
　Harvard University Press.（岩男寿美子 監訳，生田久
　美子，並木美智子 訳（1986）もうひとつの声―男女の
　道徳観のちがいと女性のアイデンティティ. 川島書店）
國分功一郎，熊谷晋一郎（2020）〈責任〉の生成―中動態
　と当事者研究. 新曜社.
厚生労働省(2021a)ホームレスの実態に関する全国調査(概
　数調査）結果.
厚生労働省（2021b）賃金構造基本統計調査 結果の概況.
厚生労働省職業安定局（2007）住居喪失不安定就労者等の
　実態に関する調査報告書.
丸山里美（2013）女性ホームレスとして生きる―貧困と排
　除の社会学. 世界思想社.
Mayock M & Bretherton J（Eds）（2016）Women's
　Homelessness in Europe. London：Palgrave Macmillan.
内閣府（2020）令和 2 年版 男女共同参画白書.
内閣府男女共同参画局（2010）生活困難を抱える男女に関
　する検討会報告書.

[特集] トラウマ／サバイバル

刑務所内 TC とサバイバル
受刑者の関係性は塀を越えられるか？

坂上 香 Kaori Sakagami
NPO 法人 out of frame 代表／一橋大学客員准教授

「今現在，さまざまな景色を見せてもらえてますけ
ど，そうじゃない人の方が多いわけで，この繋がりは
今後も大切にしたいと思います」

－元受刑者 C－

I　はじめに

　受刑者は，社会復帰することが前提だ。生活圏
を刑務所から社会に移し，新たな現実の中でサバ
イバルしていかねばならない。その時，刑務所で
築いた関係性は役に立つのだろうか。

　筆者は，ドキュメンタリー映画『プリズン・
サークル』（以下，映画『プリズン』）の監督を務
め，国内のある男子刑務所で 2009 年から運営さ
れてきた「TC ユニット」を舞台に，受刑者が自
らの傷や罪に向き合う姿を描いた。そして本誌の
2020 年 1 月号に「受刑者の痛みと応答――映画『プ
リズン・サークル』を通して」を寄せた（坂上，
2020a）。

　前稿では，まず，幼少期の虐待などで生じた痛
みによって沈黙させられてきた受刑者らが，この
国の「沈黙＝反省」という矯正施設の中で，さら
に沈黙させられてきたことを指摘した。しかし，
その沈黙は変えられる。そのためには，受刑者同
士が本音で語り合う（応答する）環境が不可欠で

ある。その試みが不可能に思えたこの国の刑務所
で，ごく小規模ではあるが，「TC ユニット」と
してすでに始まっていることを紹介した。

　本稿では，応答する彼らの関係性の「その後」
に着目したい。一般に，刑務所で知り合った「ム
ショ仲間」は，再犯につながる否定的な関係性と
見られているが，そもそも刑務所内で肯定的な関
係性を育むことはできるだろうか。できるとすれ
ば，それはいかなる場で育まれ，いかに塀の外で
生かせているのか。また，そこにはいかなる課題
があるのだろうか。

II　受刑者にとっての刑務所

1　囚人化とその影響

　本題に入る前に，そもそも刑務所という場所が，
受刑者にとってどのような場所かを確認しておき
たい。

　Goffman は，矯正施設や軍隊や精神病院など，
地域社会から孤立し，隔離された環境の中で収容
者の生活を全体的に統制する施設を，「全制的施
設（total institution）」と名付けた。そこで一定
期間，非自発的に収容されるという体験は，収容
者の「自己」を否定し，収容前のアイデンティティ
を剥奪する。この「剥奪」は，分類，身体検査，

私物や容姿の制限，制服の強制，番号化，独特の規則，厳格な時間割編成，職員への服従などを通して巧妙に達成される（Goffman, 1961）。その典型である刑務所に限定した順応プロセスは，「囚人化」と呼ばれる。

刑務所は，受刑者の自由を奪うことによって，罰を与える場だ。しかし，その有り様はそれぞれの社会で異なる。刑務所は文化でもあるからだ。言い換えると，刑務所という場は社会によって自由の剥奪の程度がさまざまで，徹底した剥奪から，total とまでは言いきれない施設まで幅がある。また時代と共にその有り様も変化する。

欧米諸国の研究からは，「囚人化」による心理的影響が出所後もさまざまな形で現れることがわかっている。たとえば，人格形成期にあたる少年や青年期への負の影響が最も強い。初犯者で，親族に犯罪歴がない場合，恥，罪悪感，苦痛の強さが顕著で，精神疾患や自死を含む深刻な問題につながる危険性が高い（Kovácsa et al., 2019）。近年，欧米の矯正施設は，差はあるにせよ，懲罰的アプローチから治療的アプローチに変化してきたが，その背景には，人権意識の高まりと同時に，こうしたエビデンスに基づいた研究の積み重ねがある。

2　「犯罪的思考」と「離脱的思考」

受刑者にとっての刑務所は，反社会的なロールモデルに満ちていることから，「犯罪的思考」（犯罪行為につながる思考）が強化される場所であるとも考えられてきた。Walters（2003）は，特に初犯者は最初の半年間で「犯罪的思考」が急激に高まり，問題行動につながる負の影響を最も受けやすいと示している。

しかし，同時に Walters（2020）は，受刑者のなかでも「離脱的思考」（犯罪をやめたいという思い）を持つ者の存在に注目し，同じ思考の仲間との出会いや，そうした思考を身につける機会を得ることによって，離脱傾向が高まるなどの肯定的な影響を受けることも示している。

さまざまな先行研究に共通しているのは，離脱は瞬時に起こるわけではなく，犯罪から離脱へと移行していく「プロセス」があるという考え方だ。失敗を繰り返す人も一定数存在し，離脱への道は決して直線的ではなく，時間もかかる。「離脱的思考」が高い受刑者ほど，社会復帰後，地域コミュニティの支援団体につながる確率が高く，離脱の可能性も高まるため，刑務所内での処遇が鍵だ（Serin & Lloyd, 2009）。

重要なのは，リスクの高い状況，仲間，感情を避けること（＝リスク回避）に焦点を当てても，肯定的な経験や関係性がない限り，効果はないということだ。なぜなら離脱は，人生全体を改善するさまざまな要素（薬物乱用からの回復や雇用の獲得，対人関係の強化など）と並行して起こるからだ（Stouthamer-Loeber et al., 2004）。

3　日本の刑務所

日本の刑務所はどうか。男子受刑者の丸刈り，大声の号令や点呼，歩幅も腕の振り方も決められた軍隊式の行進，作業中の私語禁止，詳細に決められた所作……。戦前のまま時間が止まってしまったかのような日本の刑務所について Young は次のような興味深い洞察をしている。フィールドワークを行った京都刑務所では，受刑者同士，さらには刑務官が受刑者と視線を合わすことさえも交流（＝リスク）とみなされ，建物の構造やすれ違うという行為までもが問題視されるようになった。通路の中央に目隠しのためのスクリーンが設置されたのはそのためで，すれ違う際は人の足しか見えない。このように全体主義体制の中に受刑者を徹底的に埋めこむことで，彼らは文字通り消される（Young, 2019 [p.776]）。

もちろん，変化がないわけではない。本稿の舞台となる「TC ユニット」導入の背景には一連の動きがあった。2002 年の名古屋刑務所における暴行死事件を発端とする行政改革，2007 年の処遇法（刑事収容施設および被収容者等の処遇に関する法律）施行による更生の義務化，官民協働型

の PFI 刑務所の誕生と民間の参入などである。

とはいえ，「沈黙」（会話の禁止と密行主義）を特徴とするこの国の法務省の体質は変わっていない。処遇法施行から 15 年が経つ今も，一日の大半は私語が禁止され，自分について語るなと指導され，身体的接触も一切禁じられたままだ。受刑者は「犯罪的思考」を持つ集団として見られ，会話や接触は危険視されている。まさに，離脱研究では効果なしとされる「リスク回避型」だ。

そこに，「離脱的思考」を促す場が誕生した。それが，次に紹介する「TC ユニット」だ。

III　関係性を育む場としての余暇時間

1　「応答の文化」の種

映画『プリズン』の舞台にもなった「TC ユニット」は官民協働刑務所「島根あさひ社会復帰促進センター」（以下，「島根あさひ」）にある国内初の「刑務所内 TC」だ。TC は，Therapeutic Community の略で，日本語では「回復共同体」「治療共同体」などと訳される。個人が人間的成長（human growth）を遂げるために仲間の力（コミュニティ）を用いるアプローチ（De Leon, 2010）で，「応答」と「関係性」を基調とする更生プログラムだ。

究極の「リスク回避型」の刑務所に，ある種，正反対ともいえる「刑務所内 TC」が生まれたことは奇跡に近い。筆者も直接見学するまで懐疑的だった。ただし，その背景には「II-3 日本の刑務所」でも触れた新しい動きがあり，加えて，民間事業者らの TC に対する深い共感と導入に向けた尽力があったことを付け加えておく（毛利, 2018b）。ここからは，TC ユニットの在籍者や経験者を「当事者」と表記する。

TC ユニットでは，「島根あさひ」に収容中の受刑者が，罪状に関係なく，自ら志願して半年〜2 年程度の共同生活を送る。米国の TC「アミティ」をモデルにした週 12 時間程度の授業では，本音で語り合う（応答する）ことによって，生い立ちやライフイベントを振り返り，それらに伴う感情

を受け止める。そのなかで罪に至った思考や行動の原因を探り，新しいライフスタイルを築こうとする。このプロセスについては映画『プリズン』や坂上（2015, 2018, 2020a, 2020b）を参照していただくとして，元 TC スタッフ（民間職員）の毛利が，18 名の「当事者」に対して行った聞き取り調査のまとめの言葉を紹介するに留める。

> 「放っておけば『囚人化』していく刑務所という場所の中で，それに立ち向かえる変化の文化ができていたことを当事者から聞けたことは，日本の刑務所でも『変化を志向する共同体』を作り，維持することができることが証明されたことを意味する」
>
> （毛利, 2018b [p.199]）

開設から 12 年間で TC を修了した「当事者」は 400 名程度。文化と呼ぶには気がひけるほど規模が小さい気もするが，種がまかれたことは確かだ。そして特筆すべきは，TC 修了生の再入所率は同じ刑務所の一般ユニットと比べて半分という効果を見せた点だ（毛利・藤岡, 2018）。

2　TC の余暇時間

「島根あさひ」の各ユニット（住居棟）には，共有の多目的ホールがある。余暇時間（夕食後から就寝までの自由時間で祝祭日も含む）には，ホールに置かれた複数のテーブルから自ら選んで着席し，会話したり，授業準備をしたり，囲碁や読書をしたりすることができる。「甘やかし過ぎだ」という刑務官の声を筆者は繰り返し聞いたが，そこに顕著なように，従来の刑務所では考えられない自由で自発的な空間だ。

刑務所の生活は，起床から就寝まで分刻みでスケジュールが決められ，規律と監視で管理されている。TC の授業時も，その態勢は変わらない。大声で笑ったり，姿勢を崩したり，決められた以外の動きをすれば刑務官が指導する。従わなければ処罰の対象になるから，無意識のうちに受刑者はみずからの言動を律する。

余暇時間や運動（私語が許される時間）は，こうした全体主義的な管理のなかで唯一緊張から解かれ，個人に戻れる時間であり，外の世界の雰囲気が辛うじて残された空間なのだと思う。特に関係性を育む場として，余暇時間が重要であったことは，撮影後に「当事者」から教えられたことだ。

3　「当事者」にとっての余暇時間

映画『プリズン』に余暇時間が登場しないのは，単に撮影許可が下りなかったからなのだが，興味深いのは，映画を見た「当事者」の多くが，映画に不在の余暇時間に言及することだ。

ここからは主に次の3人の「当事者」の声を通して見ていく。

A（傷害致死，刑期8年，服役開始時27歳，TC滞在2年半）

B（自動車運転過失致死，刑期5年，服役開始時20歳，TC滞在2年）

C（窃盗・住居侵入，刑期2年2カ月，服役開始時21歳，TC滞在9カ月）

A：皆，なんでこんなに騒いでるのかなぁって。僕らはここに映っていない，いいものも，悪いものも，たくさん経験してきているし……。言葉にならないぐらい，いいものをすごく経験させてもらって，それが映像に映っていないっていうところがあって。（映画の中では）本当に，確かに，みんな真剣にやってて，重い話をしてるって見えるんでしょうけど，普通に息吸うのと同じぐらいずっとそこにいたから，あれを，今日の映画を見て，重いとか，辛いとか，あれだけ吐露できてとか，いろんな評価があるんでしょうけど，中に入ったらそれ以上のものを感じるんすよ。

B：言いにくいんですけど，加害者が悲しんだり，苦しんだりっていうところは非難を受けるところかもしれませんが，結構本当に皆が皆と向き合って裸の付き合いしてて……。もっと苦しんでる姿っていっぱいあって。正直，坂上さんの映画はそこが弱いなと。たとえば余暇時間っていうのが

あって，フリータイムみたいな時間なんですけど，TC以外のユニットではただただ，「テレビ，面白かったな」とか「今日の飯うまかった」とか，そういうくだらない話ばっかりするんですけど，TCでは教育（授業）でやったことの振り返りを必ずみんなやるんです。余暇時間に続きを話したり，悩んだり。時間になったら部屋に戻って，また考えて寝るまでそのことを考え続ける。相談されたり，話を聴いた側も，その人のことを寝る前までずっと考えて，次の日にフィードバックする。「昨日のことだけど，やっぱり○○だったんじゃない？」とか。

C：自分はTCが嫌になって出たんですよ。途中から，だんだん自分がそこで何をしているのか全然わからなくなってきて，逃げるようにして，中途半端な状態で（出た）。態度が，座るところも，明らかに（皆のサークルから）離れてるみたいな。でも，嫌で出て行ったけど，自由時間っていうか，食後の余暇時間の2時間，あれがやっぱ色濃いし，なんかこう，お互いのことさらけ出すじゃないですか……。それと，毎日笑ってたって感じがするんですよ，TCの場所で。（中略）教育で何やったかとか，職業訓練行って何してたかとか，全く覚えてないんすよ。でも，TCははっきり覚えてる。余暇時間に，特定の人たちと一緒にいて，皆でおしゃべりして，たくさん笑ったってことは鮮明に覚えてるんです。

Aの言う「映像に映っていないところ」は，運動や職員との面接，外部講師による講義なども含んではいたが，B同様，余暇時間の意味が大きかったと認めている。Bの場合は，余暇時間が授業の延長線上にあり，自分の弱さをさらけ出す場であったと同時に，仲間を思う時間や信頼関係を育む場であったこともうかがえる。Cにとっては，「TC＝余暇時間」だったと言える。Cは授業の態度が悪く，自ら認める脱落組だったわけだが，にもかかわらず，Cが出所後も仲間とつながり続けているのは余暇時間があったからだろう。

3人にとっては，制度の隙間とも言える余暇時

間が，関係性を育む鍵であったことは間違いない。特にＣの発言からは，毎日一緒に居ることや，おしゃべりをして笑える安心できる雰囲気の重要さを感じた。

IV　出所後の関係性

1　接触禁止という壁

こうして刑務所内で育んだ肯定的な関係性を，国内では外の社会につなぐ機関がない。それ以前に「つなぐ」という発想自体が存在せず，刑務所職員が出所者と接触することも，出所者同士が接触することも禁じている。前者は「刑務官の職務執行に関する訓令第10条」に基づき癒着を防ぐという発想，後者は再犯防止という観点からだと言われている。

とはいうものの，映画『プリズン』には出所後の「当事者」やTCの関係者が集う場面があり，出所後の「当事者」と関係者がゆるやかに支え合ったり，問題を率直に指摘したりする姿を可視化している。実は，これらは，刑務所や法務省矯正局との事前試写段階で問題視され，繰り返し削除要請をされ，消されかかった場面だった。接触してはならないはずの元受刑者や職員がそこにいたからである。

最近，こんなこともあった。ある刑務所で映画『プリズン』の上映が行われたのだが，出所者が登場する2つの場面を飛ばして見せていたことを後で知った。「当事者」が服役中に最も知りたいことのひとつが「立ち直った人のモデル」（毛利，2018b）であるから，受刑者にとって最も切実で意味のある場面が隠されたことになる。

接触禁止は職員にとっても壁だ。法務省は再犯防止を掲げるが，日本は矯正と保護観察（出所後）が完全に分離されている上に，接触禁止によって，現場は出所後の受刑者が直面する現実を知ることができない。効果やニーズがわからないなかで，いかに意味のある処遇が行えるのだろう。

2　出所者の会

映画に映っていた「当事者」の集いは，「くまの会」と呼ばれるグループで，SNSにクローズドのページを持ち，メンバーとつながった「当事者」や関係者のみが登録を許可される。TCの教育アドバイザーと元民間職員が立ち上げたもので，きっかけは出所者から「刑務所から出たら知らん顔か」と不満を漏らされたことだった。彼女たちスタッフは当時刑務所で働いており，出所者との接触は禁じられていたから，大きなリスクを背負って活動を始めたと言える。

2015年の撮影時，「くまの会」は定期的に集っていた。ある日，ＢとＣはもう一人の仲間Ｄと一緒にサークルに参加した。映画にも登場するその場面で，Ｂは出所したばかりで家族との時間を大切にしていると嬉しそうに報告した。一方，出所からすでに1年経過していたＣは，更生保護施設を出て仕事も住居も転々としており，不安定な生活であることを明かした。生活に困って万引きと転売をした話も含まれていた。

やがて，Ｄが厳しい口調でＣを問い詰めはじめた。Ｄは出所から2年程度で，結婚もして子どもが生まれ，「このままなんとかやっていけそうだ」と笑顔で報告したばかりだった。

Ｄ：お前はすぐ仕事辞めるわけやん。出てきてからも万引きして，捕まってないだけやん。な？　辞めて，転々として，明日も見えへんような暮らししてる自分をどない思ってるの？

Ｃ：ま，なんて言ったらええんやろ。なんか別に……嫌じゃないっていうか……。んー，わからん。難しい。

観客のなかには，この場面に違和感や抵抗感を抱く人もいる。しかし，こうしたやりとりができる関係性が彼らにはあったということが重要だ。実は，ＤこそがＣをこの会に誘い，昼食をご馳走し，生活についてのさまざまな相談に乗ってい

た。さらに言うと，2人は TC ユニットの余暇時間の仲間だった。

この後，別の年配メンバー E（2人とは初対面）が介入し，話の方向性を変え，C の夢について聞いていった。そのなかで「俺からしたらすごいことやと思う。自分でやってくっていうのは，めっちゃしんどいことやったと思う」と D が C をねぎらう場面もあった。B はただ黙って彼らの話に耳を傾けていた。そして，E が C に，次の定例会までの3カ月は仕事を続けるという約束をさせた。最後に E が「ほんだら，皆証人な」とサークルを見回しながら言ったが，そのなかに D も B もいた。C は，苦笑しながら頷いた。

皆で見守るという意味の「証人」という表現が「当事者」の口から自然に出てきたことや，元職員らも同席していたが介入はせず，サークルを進行したのが「当事者」だったことも，すべて「TC ユニット」の効果だと筆者は感じた。

3　インフォーマルな相互関係

8年近い服役を終えて A が仮釈放で出所してきたのは，2020年の4月半ば，新型コロナウイルス感染拡大による緊急事態宣言の最中だった。SNS に A が書き込んだ更生保護施設名から所在地を探し当て，一番に A に電話をかけたのも，公園で6年ぶりの再会を果たしたのも C だった。

A：出るとき不安でしたよ。（C と）9カ月しか一緒にいなくても記憶にはあるじゃないですか。C が再犯してないかなとか，どうしてるかってこともそうだけど，連絡とれなかったらどうしようって，そっちの方が（不安だった）。あの時だけの関係って割り切れない部分もあったから。（再会できたことで）その時だけの関係じゃないんだって，僕にとってはうれしかった。中での絆を今の社会に持ち込めてるっていうのが嬉しい。

当時の C は生活保護を受け，医療や自助グループにつながりつつ，なんとかその日一日を過ごし

ていた。一方 A は，刑務所で出所者の就労支援につながり，理解ある雇用主のもとで働きはじめようとしていた。出所直後の A が，出所後5年の C を心配するという，普通に考えれば逆転した関係だった。

その後も C は安定しているとは言い難い。それでも C には公的支援（生活保護，医療，地域の相談支援センターなど）に加え，自助グループや「当事者」仲間といった「インフォーマルな相互支援」と呼べるような関係性が存在する。こうした資源にアクセスしたのは C 自身だという点も忘れてはならない。

ここで後者の関係性に注目したい。たとえば C が SOS を出せば，仲間は即座に C に返信し，彼のもとに駆けつけ，話を聴き，食事をし，公園で過ごしたりする。ある時，A のもとに B 経由で C からの SOS が入った。筆者はたまたま A と打ち合わせ中だったのだが，彼は形相を変えて C のもとに飛んでいった。C が大変な状況にあり，B が仕事で手が放せないので，A に連絡したのだった。頼られた人が対応できない時は他の仲間に頼んだり，遠方の D や他の仲間に相談したりと驚くべき連携プレーだ。

そして，A や B も自分が辛い時には仲間を頼る。B は出所後トラブルに巻き込まれた際，D が駆けつけ一晩中話をしてくれたことで救われたと感謝する。A も他の仲間から話を聴いたり相談をすることで，服役中には見つけられなかったやりたいことを見つけたようだ。この応答し合う関係性は，まちがいなく TC で育まれたものだ。

4　C のゆっくりとした変化

話を少し戻す。2019年3月，映画『プリズン』の関係者向け事前試写会に，B と C は連れ立ってやってきた。C はその頃，依存症の回復施設に入寮し，精神医療にもつながっていた。映画が自分の場面にさしかかると頭をうなだれ，身体をゆすり，小声で何やら呟いていた。試写後，C は自分の場面が見られなかったと言った。理由は，今

も当時も変わらないからだと言った。

それからさらに半年ほど経ち，公開の完成試写会にCを再び誘った。悩んだ末，Cは姿を現した。そして，自分の場面はやはり直視できなかったこと，出所後5年で犯罪はしていないが危ない状態には変わりないことなどを大勢の観客の前で語った。そしてこう締めくくった。

「もし，また映画を観る機会があったら，今度は自分の写っている部分をちゃんと直視できるように，そういう人間になっていたいなと」

それから1年半後，Cからメッセージが届いた。自助グループの仲間と連れ立って，劇場で映画『プリズン』を見た直後のことだった。

「3度目の正直で，ようやく自分のシーンを見ることができました！」

最初の試写からは2年が経っていた。映画の場面（IV-2）で仲間が言っていたことはその通りで，自分はいろいろ言い訳をして逃げていただけだった。仕事を続ける約束も果たせていない。ただ，今は人に相談しながら，作業所や障害者雇用で働くことも考えているなど，自分に向き合おうとしている様子がうかがえるメッセージだった。

印象深かったのは，本稿の冒頭で引用した，仲間たちから「さまざまな景色を見せてもらっている」という表現と，A，B，Dを含む5人の「当事者」の名前が記されていたことだった。未だ「犯罪的思考」と「離脱的思考」の移行期にあるとも言えるCは，塀の中で育んだ関係性を生かして少しずつ離脱への道を歩んでいるように思える。Cは後日，この関係性がTCの余暇時間に生まれたことに触れ，「TCマジック」と呼んだ。

仕事や生活も安定しているAとBがCと関わり続ける理由は何なのか，聞いてみた。

A：Cには友達とか，兄貴とか，メンターが必要だと思っています。それと，TCのときに毛利さんに「Cが心配です」と伝えたら，「その言葉をずっとかけてあげてください」と言われたことも理由です。

B：TCで裸の付き合いをして毎日一緒に過ごして，ありふれた言葉ですけど苦楽を共にしたってのが一番大きいですよね。社会のどん底で共に過ごして，お互い悪いところ，誰にも明かせない過去，苦しかった経験を開示してるから，簡単に見捨てることはできないし，家族みたいに見えない糸でつながってるような気がする。

2人はCが犯罪に至った複雑な背景を知っているだけでなく，彼がその後いかに葛藤してきたかも真近で見てきている。互いが「証人」であったことが，社会での関係性のベースになっていることもわかる。「当事者」の強みだ。

Cは今の自分の状態を次のように表現した。

C：出所してきた時は，ものすごい細い綱渡りな状態で。ちょっとは，ちょっと，ちょっとですけど綱が太くなったかなぁ～。出てから6年経過中で，ホントにこの2～3カ月の話ですけど……。そういう人たち（「当事者」）に手を差し伸べてもらったから，なかにはその手を払いのけてしまった人もいるけど，そういうのがあったから今の自分が結局いる。そもそも出会ってなければ，終わってましたね。

人が変わるためには時間がかかる。個人差もある。刑務所内で問題が解決するわけでも，TCで学んだことをそのまま社会で生かせるわけでもない。Cのゆっくりとした，しかも直線的とはいえない，ささやかな変化を傍で見ながら，現実的に生かせるのは仲間の関係性だと確信する。

Ⅴ おわりに

「当事者」の応答し合う関係性は，すでに塀を飛び越えている。それは，本稿で取り上げた3人のサバイバルの一部にもなっている。

一方，制度側は接触禁止という方法で，「離脱的思考」を促すあらゆる可能性を刑務所内外で断とうとする。「当事者」に変化をあきらめさせて

いるかもしれないし，職員が現状を把握できないというのもそうだ。それはさらに，国内で刑務所内 TC が広がらない理由にもなっている。たとえば欧米ではより深刻な重罪を犯した累犯者に TC が適用されているが，それには「当事者」ロールモデル（スタッフ，ピア・カウンセラー，メンターなど）や出所後のアフターケアが不可欠だ。接触禁止はそれらを不可能にしている。

　もちろんリスクはある。混乱も伴うだろう。効果もすぐには出ないだろう。だが，受刑者が「離脱的思考」を学びうる存在だと認めれば，「全制的施設」や「囚人化」のハーム（害や危険性）に気づかされるはずだ。会話や接触はリスク以上に，刑務所の文化を変える力がある。問題は，それを矯正現場や私たちが望んでいるかどうかだ。

▶ 文献

De Leon G (2010) Is the therapeutic community an evidence-based treatment? : What the evidence says. Therapeutic Community Research 31-2 ; 104-128.

Goffman E (1961) Asylums : Essays on the Social Situation of Mental Patient and Other Inmates. Anchor Books.

Hanser RD, Kuanliang A, Horne A et al. (2020) The impact of a motivational curriculum upon criminal thinking among incarcerated men. Journal of Correctional Education 71-1 ; 90-107.

Katherine MA & Liebling A (2020) Exploring the relationship between prison social climate and reoffending. Justice Quarterly 37-2 ; 358-381.

Kelly CE, Welsh WN & Stanley JN (2019) The treatment group and recidivism : A multilevel analysis of prison-based substance abuse treatment. The Prison Journal 99-5 ; 515-534.

Kennard D (2004) The therapeutic community as an adaptable treatment modality across different settings. Psychiatric Quarterly 75-3 ; 205-307.

Kovácsa Z, Kunb B, Griffithsc MD et al. (2019) A longitudinal study of adaption to prison after initial incarceration. Psychiatry Research 273 ; 240-246.

Miller S, Sees C & Brown J (2006) Key aspects of psychological change in residents of a prison therapeutic community : A focus group. The Howard Journal 45-2 ; 116-128.

毛利真弓（2018a）語りの場と犯罪行動からの離脱—刑務所内治療共同体のつくりかた. In：藤岡淳子 編著：アディクションと加害者臨床. 金剛出版, pp.98-114.

毛利真弓（2018b）日本の刑務所における治療共同体の可能性—犯罪からの回復を支える「共同体」と「関係性」の構築に関する現状と課題. 大阪大学大学院博士課程人間科学研究科博士論文.

毛利真弓（2019）刑務所での加害者支援に治療共同体を生かす. In：藤岡淳子 編著：治療共同体実践ガイド. 金剛出版, pp.181-197.

毛利真弓, 藤岡淳子（2018）刑務所内治療共同体の再入所低下効果—傾向スコアによる交絡調整を用いた検証. 犯罪心理学研究 56-1 ; 29-46.

坂上香（2012）ライファーズ 罪に向きあう. みすず書房.

坂上香（2015）人が生き方を変えるとき—アミティにおけるコミュニティと語り［臨床ゼミ アディクション—ゆるやかな共助のためのエチュード（第11回）］. 臨床心理学 15-1 ; 123-129.

坂上香（2018）傷ついた人々のサンクチュアリ—治療共同体・修復的司法. In：信田さよ子 編著：実践アディクションアプローチ. 金剛出版, pp.174-186.

坂上香（2020a）受刑者の痛みと応答—映画「プリズン・サークル」を通して. 臨床心理学 20-1 ; 86-90.

坂上香（2020b）被害を語る［プリズン・サークル—囚われから自由になるプラクティス（第5回）］. 世界 932 ; 150-160.

Serin RC & Lloyd CD (2009) Examining the process of offender change : The transition to crime desistance. Psychology, Crime & Law 15-4 ; 347-364.

Stouthamer-Loeber M, Wei E, Loeber R et al. (2004) Desistance from persistent serious delinquency in the transition to adulthood. Development and Psychopathology 16 ; 897-918.

Walters GD (2003) Changes in criminal thinking and identity in novice and experienced inmates : Prisonization revisited. Criminal Justice and Behavior 30-4 ; 399-421.

Walters GD (2016) Friends, cognition, and delinquency : Proactive and reactive criminal thinking as mediators of the peer influence and peer selection effects. Justice Quarterly 33-6 ; 1055-1079.

Walters GD (2020) Desisting from crime : In-prison behaviour and cognition as predictors of post-release success. Canadian Journal of Criminology & Criminal Justice 62-3 ; 11-28.

Young A (2019) Japanese atmospheres of criminal justice. British Journal of Criminology 59-4 ; 765-779.

［特集］トラウマ／サバイバル

記憶の物語化
宮澤賢治を考えながら

森 茂起 Shigeyuki Mori

甲南大学文学部

I　はじめに

　「トラウマ／サバイバル」の特集号に記憶の物語化について書くことが私の課題であった。NET（ナラティヴ・エクスポージャー・セラピー）の経験や，子ども時代の戦争体験に関する聞き取り調査の経験に基づいて，この主題について書くことが求められていると思われる。しかし，不思議なことに，現在，主題が重なる原稿依頼が複数私の元に寄せられており，治療実践について語るとすれば新しい引き出しがない気がする。どのような切り口で書くか悩みながら，「記憶の物語化」について思い巡らせ，かつ他の治療技法にないNETの特徴でもある「文章化」という要素のことを考えていたとき，宮澤賢治という人のことが思い浮かんだ。

　実は，宮澤賢治の作品世界を「トラウマ」あるいは「サバイバル」に結びつけることには，いくつかの点で困難がある。何より，トラウマ的出来事とその作用という視点から彼の人生や作品を理解するのは困難である。私は，宮澤賢治の人生や作品世界に関心を持ち続けてきたが[注1]，それをトラウマ学と結びつけようとしたことがない。それどころか，私自身の仕事がトラウマをめぐって

展開し，言ってみれば生涯の課題となってくる過程で，宮澤賢治への関心はどちらかと言えば背景に退き，直接扱うことが少なくなった。

　しかし，「トラウマ」という概念を「（自己が崩れ去るような）圧倒的な体験」という形に拡張すると話が違ってくる。後に見るように，彼の作品はまさにそのような体験の物語化，あるいは詩の形をとった文字化の試みだからである。ただその体験が，彼個人を襲ったいわゆる「トラウマ的出来事」によるものではないところが，「トラウマ」という切り口で語りにくい理由である。彼は，戦争（ただし遠方の戦地での），病，別れ，死別，旱魃による不作といった苦難を自らのこととして痛切に体験するが，それらは当時の多くの人々が共通して体験したものである。彼の体験を圧倒的なものとしたのは，個々の出来事よりは，もともと彼が持っていた感受性であった。

　実はこのあたりの問題をさらに整理しようとすると，後にも触れるが，「解離」の主題に接近していき，解離障害やトラウマ関連障害が統合失調症と誤診断されてきた歴史から，統合失調症という疾病概念の妥当性の問題まで視野に入ることを薄々感じるのだが，ここでそちらの方向に深入りすることはできない[注2]。

この小文の執筆を考えたときには想定していなかった切り口だが，考えているうちに，宮澤賢治の仕事は，「トラウマ／サバイバル」を考えるうえで重要でありながら扱われることが少ない問題群に触れているのではないか，そして，それらの問題郡は，NET の実践で試みている物語化にとっても重要なのではないか，と考えるようになった。以下に，宮澤賢治の仕事の一部に考察を加えたうえで，今言った問題群と繋げてみたい。

II　宮澤賢治の体験と物語化

宮澤賢治は，少年期より折に触れて短歌を詠んでおり，中学入学の 12 歳ごろからの作品が残されている。初期の歌稿には学校生活の一場面などが描写されているが，14 歳ごろより次第に身の回りの事物が強烈な「情」を持ったものとして感じられる様が記録されるようになる[注3]。一例をあげれば次の作品がある。

黒板は赤き傷受け雲垂れて
　　うすくらき日をすすり亡くなり

あるいは，中学教師に引率された岩手山登山の際の短歌連作は，無邪気に登山を楽しむ歌から始まるが，突然，火口原の湖の青さが「かなし」と受け止められる。すると，その光景に背を向けて離れても，「うしろよりわれをにらむ青きものあり」と湖が彼に迫ってくる。こうした幻覚的な体験が，思春期を通して続くのだが，彼の短歌が特徴的なのは，異常な体験の記録だけでなく，作品化が心に及ぼす作用についても自覚し，文字化していることである。17 歳で鼻炎をきっかけに入院したときに詠んだ次の短歌は，そうした自覚を示している。

かなしみよわが小き詩にうつり行け
　　なにか心に力おぼゆる

詩を詠み，書くことで，悲しみが詩にうつる，

そして心に力が生まれるというのである。今の言葉ではアートセラピーの作用ということになるが，そうした作用を賢治は自覚し，その自覚もまた歌に詠んでいく。

入院中にしだいに昂じた不安は，退院後に病的な様相を帯びていく。次の短歌は亢進した幻覚様体験を記録している。

なつかしき地球はいづこ
　　いまはやはやふせど仰げどありかもわかず

宇宙に飛び出て地球を足元に眺める体験と読み取ることができる。その内容は圧倒的で，彼の心がまさに危機状態にあったことを知らせている。賢治は，こうした心的体験とそれを詩の形式に移す作業を繰り返すなかで，自らの心に生じる現象を「心象」と呼び，心象を書き留める営みを「心象スケッチ」と呼んだ。それは，短歌に見たように，ある種の自己治療の試みでもあり，同時に文学作品の創作でもあった。苦悩を背景に作品化することはむしろ多くの作家に共通するものと思われるが，その自己治療的作用に自覚的で，かつ当時の心理学的知識を吸収しながら科学者の目で自らの「心象」を眺め記録したところに賢治の独自性がある（森，1995）。

次に，「心象スケッチ」という「方法」が確立した時期の作品を見てみよう。ここで取り上げるのは「青森挽歌」（全集 第 2 巻）である。賢治にとっ

注1）本論で扱う，少年期から「心象スケッチ」の成立に至るまでの経緯については，拙稿を参照していただきたい（森，1998, 1999, 2000）。

注2）トラウマを考えていくと統合失調症と解離の問題に関わってくることについては，最近読んだ宮地尚子，斎藤環両氏の対談（宮地・斎藤，2021）からも窺える。そして，宮澤賢治という人には，トラウマよりはそれら両概念との関連を考えるほうがふさわしいところがある。ただし，その場合も両概念自体を問い直しながらでなければならないだろう。

注3）こうした感受性の由来を，気質や病として病跡学的に検討することも可能である。たとえば福島（1970）を参照。

てもっとも衝撃的で，創作にもっとも強い影響を
与えたと思われる体験である妹とし子との死別を
経た時期に樺太に旅行する途上で行ったスケッチ
である。

　夜空の下で走る青森への夜汽車を，賢治は，「銀
河系の玲瓏レンズ／巨きな水素のりんごのなかを
かけてゐる」と描写する。銀河を走る列車という
発想はこの旅で生まれたものと思われ，「銀河系」
「巨きな水素のりんご」というイメージは，のち
の『銀河鉄道の夜』と共鳴する（見田，1991）。
賢治は，列車の窓に二重に映し出される車室の映
像と自らの幻想を書き留める。

　　そこらは青い孔雀のはねでいつぱい
　　真鍮の睡さうな脂肪酸にみち
　　車室の五つの電燈は
　　いよいようめたく液化され
　　　　（考へださなければならないことを
　　　　わたくしはいたみやつかれから
　　　　なるべくおもひださうとしない）

　括弧を付けて記される，考えださなりればなら
ないこととは，とし子の死である。激しい悲嘆の
なかで窓の内外の景色に意識を集中しながら，自
分がその死を考えないようにしていることを彼は
自覚する。賢治はすでに，仏教の知識，自然科学
の知識も使い，あらゆる考えを巡らしたであろう
が，喪失感の生々しさは減じることがない。

　　わたくしのこんなさびしい考は
　　みんなよるのためにできるのだ
　　夜があけて海岸へかかるなら
　　そして波がきらきら光るなら
　　なにもかもみんないいかもしれない
　　けれどもとし子の死んだことならば
　　いまわたくしがそれを夢でないと考へて
　　あたらしくぎくつとしなければならないほどの
　　あんまりひどいげんじつなのだ

そして彼は，きわめて心理学的な考察を記す。

　　感ずることのあまり新鮮にすぎるとき
　　それをがいねん化することは
　　きちがひにならないための
　　生物体の一つの自衛作用だけれども
　　いつでもまもつてばかりゐてはいけない

　死の残酷さに対し，それを概念で捉え，「考える」
ことによる防衛（自衛）をしながら，彼は防衛ば
かりでは「いけない」という判断をする。とし子
の死に直面せざるを得ないと賢治は自らに言い聞
かせる。このような複数の思いの衝突は，通常「迷
い」といった言葉で表現されるものである。しか
し彼は，「わたくし」の考えがあれこれの考えを
経めぐるという形よりは，同時進行的に存在する
複数の思いや考え，自らの外からの声のように感
じ取られる声などを，「同時な相反性」と呼びつ
つそのまま書き留めていく。

　こうした描写の後に行われる最終部の表明に注
目しよう。彼は残酷な現実から幻想へ逃避する自
らを戒めたのち，ひとつの倫理的な姿勢の表明と，
告白を行う。

　　もうぢきよるはあけるのに
　　すべてあるがごとくにあり
　　かゞやくごとくにかがやくもの
　　おまへの武器やあらゆるものは
　　おまへにくらくおそろしく
　　まことはたのしくあかるいのだ
　　　　（（みんなむかしからのきやうだいなのだから
　　　　けつしてひとりをいのつてはいけない））
　　ああ　わたくしはけつしてさうしませんでした
　　あいつがいなくなつてからあとのよるひる
　　わたくしはただの一どたりと
　　あいつだけがいいとこに行けばいいと
　　さういのりはしなかつたとおもひます

　賢治は，とし子のことを思い続ける自らを，別
の意識で見つめながら，とし子のことだけを思い

続ける自身に対して外から投げかけられる戒めの言葉を括弧書きする。妹のことだけを祈ってはいけないという戒めである。そして確かに，続く5行のなかで，「決してそうしませんでした」[注4]とその戒めを受け入れ，最後にも，「そう祈りはしなかったと思います」と，そうしなかったことを確認する。ただ，否定しながらも，「あいつだけがいいところに行けばいい」という，戒めからすれば利己的と評価される切実な言葉を文字化することで，そのように祈りたい自身の一部の存在をも記しているように思われる。最後を「思います」と締めることで，戒めに従う決意表明でもなく，その利己的な思いを肯定するのでもなく，利己的にならないでおれた自身にほっとしているかのように，調子を下げてこの長大なスケッチをしめくくる。

ちなみに，ここに表現される「まこと」，「昔からのきょうだい」である「みんな」についての思索を結晶化したものが，「わたくしといふ現象は／仮定された有機交流電燈の／ひとつの青い照明です」に始まる『春と修羅』の「序」である。賢治は，みんなとともに点滅するひとつの照明として「わたくし」を捉えていた。

「青森挽歌」に記された賢治の言葉は，実際に彼の心象にそのように現れたものなのであろうが，極めて多相的である。いくつもの視点から，いくつもの立場から言葉が発せられ，彼の意識はときにそのうちのいずれかと同一化し，ときに全体を見渡しと，変遷していく。「心象スケッチ」はこうした多相性をそのまま記録する方法であり，それによってそれぞれの意識に言葉と文字を与える方法であった。

ここまで見たうえで，賢治の実践を「トラウマ／サバイバル」の問題と対照させてみよう。

III　宮澤賢治の実践と「トラウマ／サバイバル」

1　意識の多相性

前節で見たように，賢治が「心象スケッチ」で描く心象にはいくつもの相が同時に存在している。ときには精神分析でいう自我，超自我，エスといった心的構造に当てはめることができそうな相もある。しかし，賢治の心象の相は，いわゆる深層心理学という言葉に現れているような層，つまり上部と下部の比喩で表現できるような位置関係が感じられず，すべての相が同時に横並びに存在している。横並びという空間的な比喩も本当は相応しくないのかもしれない。

彼の心的体験には，変性意識体験と呼ばれるものが含まれている。少年期の地球を足下に見る体験などは明らかにその種のものである。その意味で，冒頭にも触れたように，賢治は解離という現象に取り組んだ実践家であった。また彼はそういう自らの関心が心理学に親和性があることを自覚しており，「心理学的な仕事」を成し遂げたいと語ったこともあった。「心象」という言葉が選ばれた背景のひとつである。実際，ここで触れた詩作のなかにも含まれているように，自身の心象を観察し，そこから生まれた理論的理解も言葉として記している。

天性のものか，変性意識体験に取り組むなかで洗練されたものなのか，賢治には多相にわたる心象を同時に意識野に留める能力があった。あるいは意識野が極端に広いという言い方もできるだろう。それによって心のなかに輝く多種多様な光を見，声を同時に聞くことができたように見える。それらが一つひとつ継時的に不連続に現れれば解離として理解できるような状態かもしれない。その意味で賢治の世界は解離と親和性があるように見えるが，解離と言うには同時的であり連続的である。

彼の作業を現在の臨床心理実践と比較すると，ひとつの自我状態療法を自らに施しているようにも見えてくる。分裂あるいは解離しそうになる自らのパーツに橋をかけ続ける試みである。あるいは，意識に映るあらゆるものに平等に注意を払う

注4）本論では，筆者自身の考察のなかに賢治の言葉を引用する際，読者に意味の伝わりやすいよう，現代の仮名遣い，漢字表記を用いる。

マインドフルネスをも想起させる。賢治の実践を心理療法に引きつけるなら，現代の心理療法においてトラウマ関連障害に用いられる技法に似たものを，試行錯誤のなかで生み出していたということになる。

破局的な体験には，相矛盾するような感情の折り重なりがその理解を妨げている場合が多い。体験が巨大で，過酷で，通常の感情や理解の範囲に収まらない，さまざまの方向に感情や理解が展開するが，その全体を見ることができないようなものがトラウマ的な体験である。その際に，感情，思考の多相性を，統合を目指さず，そのままに，それぞれに意識を向けて扱うことの重要性を，賢治の仕事は示しているように見える。

2　体験，記憶，物語，そして書くこと

ここでは，トラウマを「圧倒的な体験」に拡大して，記憶の物語化という主題を考えている。

体験と記憶の関係を考えると，そもそも体験が記憶となって保存される過程に，「語る」行為が重要な役割を果たしている。「体験」「記憶」「物語」の間には，物語記憶として保持されている記憶を言葉で人に語るという側面と，人に語ることで物語記憶が形成される側面の両者がある。私たちが物語記憶というものを持っているのは，幼い頃から体験を——多くは親を代表とする家族に——語ってきたからである。私たちは，語ることで相手に伝わる体験を通して物語記憶というものを形成し，それが形成されることで，体験を語る力がさらに伸びていく。そうやって記憶は常に物語化され続けている。

賢治の心象スケッチは，ある瞬間に現れる心象のスケッチという意味で体験の文字化，物語化であるが，それを作品としての完成に導く過程では，すでに記憶となった過去の体験を振り返り，吟味し，よりよい物語としていく過程も含まれる。何が「よい物語」なのかに絶対的な基準はないであろうが，前節で述べた，いくつもの相を忠実に反映していることのほかに，表現として読むものに

わかること，自身に納得感があることなどが考えられる。過去の体験に忠実であることと，現在の自身に納得感があることの両者が成立することに意義があるであろう。

ここで私は，文字化の作業を含むトラウマ治療の一技法，NET の経験も念頭に置きながら考えている。賢治のように相矛盾するそれぞれの相に自ら光を当てることは常人にはなかなかできないが，治療という枠組みのなかで聞き取ったいくつもの相，たとえば親に対する相反する感情や思いを，治療者が代筆者としてそのまま両方書き留めることは可能である。語りによって両方を語ることもできるが，語った瞬間に音として消えていく言葉と異なり，文字化すると，ひとつの紙の上に同時に両方が存在することができる。たとえば，「○○と感じていたけれども同時に□□とも感じた」といったふうに書けば，それが文章内に同時的に保たれることになる。また，書き上げる自伝に現在の感情や考えを多くは盛り込まないが，重要なものについては「今は○○という考えと□□という考えが両方あってどちらとも言えない」と相矛盾するような現在の考えを併記することができる。

以上は，体験と記憶に基づく物語化という，治療実践を想定した作業である。しかし，賢治の実践には，心象をそのまま記録するスケッチだけでなく，童話と呼ばれるフィクションの創作も含まれる。賢治はそれらも「作者の心象スケッチの一部」とし，「多少の再度の内省と分析とはあっても，たしかにこの通りその時心象の中に現れたもの」[注5] と言う。賢治にとって，体験のスケッチから発展して生まれた『銀河鉄道の夜』のような作品も，起源となるスケッチが明確ではない童話作品も，「心象」の記録であった。

ここで扱った「青森挽歌」から夜空をかける列

注5）『注文の多い料理店』広告文（校本全集 第11巻）。賢治はそこで，『注文の多い料理店』を，「少年少女期の終り頃から，アドレッセンス中葉に対する一つの文学としての形式」とした。

車のイメージが生まれ，亡くなった妹への思いの表現を洗練させて，『銀河鉄道の夜』が生まれた。生涯にわたって推敲を重ねたこの作品は，とし子の死を賢治が生涯にわたり考え続け，物語化しようとしたことを示している。「トラウマ／サバイバル」を背景として作品を生み出した作家，生まれた作品の数は膨大であろう。「トラウマ／サバイバル」関連実践にとって，フィクションとしての作品の創作が果たす役割もまた重要である。

3　倫理的姿勢

　「青森挽歌」が，最終部で倫理的な姿勢の表明に向かったことを先に見た。「決して一人を祈ってはいけない」という戒めを，失った家族を思い祈る家族に向ければ，あまりに厳しく，おそらくにわかには受け入れがたいものであろう。賢治の作品や書簡などに残された言葉に，自身を倫理的にあまりにも厳しく責め続けていると取れるものは多い。「トラウマ／サバイバル」と自責感の関係では，サバイバーズギルトの問題があり，過剰なそれは治療の対象となる。とし子の死を想うときの自責にそれに当たる要素がないとは言えないだろう。

　しかし，よく見ると，賢治の自責感は，自らの責任への過剰評価や，生き残った自らを責めるサバイバーズギルトよりは，家族だけのことを思うことを戒める倫理観によるものである。彼の倫理観は――凡人の目からすれば――過剰な自責に向かうが，彼が独自の思索を経て原理的に突き詰めたものである。その起源を考えると，トラウマ的な衝撃が生んだ過剰というよりは，賢治がもともと持っていた感受性による，他者の苦しみへの感情移入に由来すると考えられる。

　サバイバーズギルトを含む複雑性悲嘆を扱うとき，過剰な罪悪感を低減することは重要な課題である。しかし，罪悪感を病的なものと見て支援しようとすると，より強固に固着することもある。賢治の感受性に由来する，外の世界の物や生き物や人との交感は，災害などのトラウマ的出来事からのサバイバルにとって欠かせない要素でもある。自分だけが回復することへの罪悪感のなかにある健康な側面にも注目しながら，地域とのつながりのなかへ解放していくことは，コミュニティワークの重要な役割と思われる。「みんな」の「幸い」を願うという賢治の到達点は，「トラウマ／サバイバル」関連実践一般にとっても重要な視点ではないだろうか。

▶ 文献

福島章（1970）宮沢賢治―芸術と病理．金剛出版．
見田宗介（1991）宮沢賢治―存在の祭りの中へ．岩波書店．
宮地尚子，斎藤環（2021）トラウマと声・身体．In：宮地尚子 編：環状島へようこそ―トラウマのポリフォニー．日本評論社．pp.147-174．
宮澤賢治（1995-2009）［新］校本宮沢賢治全集．筑摩書房．
森茂起（1995）宮沢賢治の心理学．甲南大学紀要 文学編 94；48-65．
森茂起（1998）心象スケッチへの道（1）―初期短歌作品にみる宮沢賢治の心象観．甲南大学紀要 文学編 106；30-48．
森茂起（1999）心象スケッチへの道（2）―〈わたくし〉という舞台の成立．甲南大学紀要 文学編 110；1-20．
森茂起（2000）心象スケッチへの道（3）―宮沢賢治の心象理論の成立．甲南大学紀要 文学編 114；1-20．

［特集］トラウマ／サバイバル

傷つけられた子どもたちと，
傷つける／傷ついた社会の〈再生〉

トラウマインフォームドケアの視点

野坂祐子 Sachiko Nosaka

大阪大学大学院人間科学研究科

I　幼少期のトラウマ

虐待やネグレクト，ドメスティック・バイオレンス（DV）や家族のアディクションにさらされる逆境的環境で育つ子どもは，本来アタッチメントが形成される幼少期を，不安や恐怖，緊張と警戒のなかで過ごす。子どもは，暴力を受けたり，世話をされないという行為に傷つくだけでなく，安全のニーズへの裏切りを経験する。親密さを求める生得的欲求と危険から逃れようとする生存欲求との間に立たされる解決不可能なジレンマは，子どもに無力感と絶望感をもたらす（Schwartz, 2020）。

養育者からの裏切り（betrayal）は，生涯にわたる影響を及ぼすものとして発達性トラウマ（developmental trauma）（Courtois, 2004）や関係性トラウマ（relational trauma）（Schore, 2001）と呼ばれ，事故や災害などの単回性トラウマとは別に，慢性反復的な複雑性トラウマ（Herman, 1992）ともいう。

トラウマとは恐怖を伴う体験であり，たとえ1回でも安全に対する認知が揺るがされ，「どうして自分が」という人生の不条理や理不尽さが怒りや抑うつを生む。比して，複雑性トラウマは，ネグレクトが根底にある。人は傷つけられた恐怖よ

り，誰にも守られなかった孤独によって絶望する。味方でいてくれる存在が一人でもいればトラウマからの回復を支えてくれるように，つながりは人の尊厳とエンパワメントに不可欠である。ネグレクトは，ケアされるニーズが満たされないだけでなく，それを求めてもさらなる危険や徒労に終わることから，子どもは次第に苦痛を感じない，考えない，話さないようになっていく。

ネグレクトには，食事や衛生・健康に関するケアを与えない身体的ネグレクトのほかに，情緒的ニーズを無視する情緒的ネグレクトもある。前者が，子どもに必要なものを与えないことであるのに対し，後者は，子どもへの過度な干渉や期待，押しつけなどを含む。心理的虐待と異なり，養育者は子どもに愛情を示し，子育てに金銭も時間も関心も労力も注ぐ。「与えない」ネグレクトとは正反対のように見えるが，本人の思いや主体性を無視している点で紛れもなくネグレクトである。

家庭でのトラウマは，死に至らしめる暴力だけでなく，こうした情緒的ネグレクトによる支配もある。家族のアディクションも同様に，子どもがつねに家族の顔色をうかがい，ヤングケアラーの役割を担うことは，子ども時代の喪失であり，トラウマ体験になりうる。

II　傷をかかえて生きる子ども

　複雑性トラウマを体験した子どもは，安全な場に身を置いていても，周囲を警戒し，相手を疑い，拒絶されるおそれを感じている。トラウマの記憶は，言葉にするのが難しく，強い感情に圧倒されて口にすることができない。侵入的なフラッシュバックの恐怖，パニックによる混乱，説明しがたい身体感覚，衰弱した感覚，強い怒りや恥，激しく容赦のないセルフトーク，他者への不信などが，自他を痛めつけたい衝動となり，自傷行為や攻撃として表れることもある。

　子どもにとってのセルフトークとは，養育者の声が内在化された，自分の内なる声である。安定したアタッチメントが形成されていれば，不安を感じても「大丈夫」という内なる声が自分を励ましてくれる。しかし，逆境的環境で育った子どもに聞こえてくるのは，「おまえのせいだ」「生まなきゃよかった」「黙っていろ」といった声である。「自分はダメな人間」「愛されるに値しない」「少しでも相手に期待した自分がみっともない」というような自己批判的なセルフトークが，自責感や恥の気持ちを強め，自己認識を歪ませていく。自暴自棄になることもあれば，完璧主義的に自分を追いつめていくこともある（Schwartz, 2020）。

　養育者の言葉やまなざしが何度も想起され，トラウマによって歪んだ信念が行動化されることを再演という。再演は，無意識に過去のトラウマを強迫的に繰り返すものである。虐待を受けた子どもが他児に暴力をふるったり，あるいは，大人を挑発して暴力的な関わりを引き出したりするのは，虐待の再演といえる。自分自身をケアするニーズを無視し，セルフネグレクトになるのは，ネグレクトの再演である。

　トラウマを経験した子どもは，現実世界とのつながりの実感が乏しく，孤独を感じている。ふいに意識が過去に戻ったりするが，明確なリマインダーによって切り替わることもあれば，本人もわからないうちに解離することもある。空想のなか

で，理想的な家族像や自己像をめぐらせる子どももいる。生理学的には，解離は神経化学物質が感情や感覚を麻痺させたもので，ぼんやりとした感覚，めまい，吐き気，疲労感を残しやすい。トラウマ記憶の想起ができなくなり，見当識障害を引き起こすこともある（Schwartz, 2020）。

III　トラウマの重層性

　幼少期のトラウマの影響の深刻さが明らかになるにつれ（Felitti et al., 1998），子どものトラウマに焦点をあてた心理療法の開発も進み，日本でもその効果が実証されている（Kameoka et al., 2020）。

　適切な介入がなされればトラウマからの回復が見込めるという期待の一方で，複雑性トラウマのある子どもへの関わりの難しさは，さまざまな臨床現場で認識されているだろう。子どもへのケアどころか，そのずっと手前の時点で支援者との関係がこじれたり，そもそも支援機関につながらなかったりする。"トラウマまみれ"の混沌とした状態を前に，どこから取り組めばよいかわからず途方に暮れてしまうことも少なくない。

　複雑性トラウマの多くは，虐待やネグレクト，さまざまな逆境による多重被害である。子どもの体験そのものの複雑さから，トラウマを特定し，把握することは，容易ではない。加えて，トラウマ体験から派生的に生じるトラウマもある。ここでは，それをトラウマの重層性と捉え，子どもの体験を理解していきたい（図［次頁］）。

　子どもが体験したトラウマは，一次被害と位置づけられ，本人の中核的な体験や記憶になる。通常，トラウマケアで扱われる部分である。過去の体験や記憶は頭のなかや行動で反芻され，"今ここ"でも，子どもはトラウマを体験することになる。生理的感覚の想起を伴うフラッシュバック（再体験），自己批判的なセルフトークによる自分への攻撃，さらに被害に遭いやすい行動化（再演）によって新たな被害も重なっていく。トラウマは，生々しい記憶として内に閉じ込められながら，同

時に，雪だるま式に増積されていく。

子どもの内的体験としてのトラウマに加え，周囲の無理解や不適切な対応が再トラウマ化を引き起こす。これは二次被害と呼ばれ，「なぜ，逃げなかったの？」とトラウマの経験を責められたり，「どうして，ちゃんとできないの？」とトラウマによる影響が理解されなかったり，「早く忘れなさい」とトラウマへの不可能な対処法を強いられたりするものである。二次被害は，相手の悪意や攻撃とは限らず，むしろ善意や救済としての言動であることが少なくない。しかし，「責める－責められる」「命令する－追従する」というトラウマティックな関係性の再演になる。

図に示されるように，本人と他者の接点において生じるのがトラウマティックな関係性の再演である。周囲の誤解や偏見が子どもを傷つけるという一方向的なものではなく，子どもの「誰も信用ならない」「やられる前にやる」といった疑念や不信が敵対的な関係性を再演したり，「私はバカだから」「自分では決められない」という無力さが追従関係の再演につながったりする。

関係性の再演は，相互作用的だが，それ自体がトラウマの症状であり，子ども自身の主体的・能動的な行動ではない。たとえば，性虐待を受けた子どもが，自分に関心を向けてもらうために，あるいは自分を痛めつけようとして暴力的な性的関係を再演するのは，同意のある性行為とはまったく異なる。にもかかわらず，子どもが「ふしだら」とみなされ，「自分から誘った」と行動の責任を負わされることは，子どもにとって二次被害であり，再トラウマ体験にほかならない。

こうした二次被害を生み出す社会の価値観や制度が，まさにトラウマを生み出す社会構造でもある。トラウマは，加害者と被害者の二者間で起こるものではなく，誰もがマイノリティへの抑圧や歴史的トラウマの影響と無縁ではない。家庭に限っても，そこにはさまざまな権力構造がある。子どもへの虐待の背景には，夫婦のDVや貧困，地域資源の不足や社会の不寛容等がある。体罰が

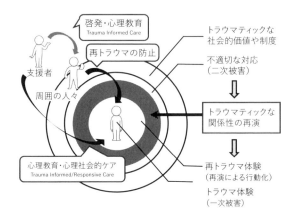

図　トラウマの重層性

禁じられていても，「言ってもきかないなら」と暴力の行使を容認する社会の価値観は根強く残り，被害者の態度が批判されることも少なくない。

トラウマをかかえた子どもへの支援では，重層的なトラウマの構造を理解し，各層の問題に介入していく必要がある。複雑性トラウマの場合，子どもと周囲との間で起こる問題は，複雑であるがゆえに見えにくい。それを「見える化」するアプローチがトラウマインフォームドケアである。

Ⅳ　トラウマインフォームドケア ——トラウマのメガネで見る

トラウマの重層性を考えれば，中核にある子どものトラウマが見えにくく，支援者がそれを扱いにくいのは当然である。その困難さを「何が起きているのか？」という視点で理解するのが，トラウマインフォームドケア（Trauma Informed Care：TIC）である（Substance Abuse and Mental Health Services Administration, 2014；野坂，2019）。

トラウマを理解して（informed）関わる（care）という意味のTICは，あらゆる人がトラウマの基本的知識と対応を知り，再トラウマを防ぐものである。治すのではなく「わかる」ことによって，対象者と支援者の双方の安全を高めていく。安全には，心理的・身体的安全のほか，健全な関

係性による社会的安全，公正や非暴力などモラル面の安全が含まれる（Bloom, 2013）。トラウマはすべての安全を壊すため，それらの安全の修復がTIC の基盤となる。

既出の図にあるように，TIC では本人にトラウマとその影響について説明する心理教育と安全のための対処スキルを教えるとともに，周囲への啓発や心理教育を行う。日常で関わる大人をケアし，子どもへの対応を見直すことは，両者の関係性の悪循環を改善する。しばしば，大人は子どもの不穏な反応を「わがまま，反抗，甘え」とみなし，叱責や制限を与えることで，かえって子どもの不信感や混乱を強め，危険な行動化を増やしてしまう。TIC は，子どもの変化や不調に対し，「何が起きているのか」に着目するものであり，内的な状態をトラウマの視点で理解する「トラウマのメガネ」と喩えられる。

TIC は，トラウマの有無にかかわらず，あらゆる人の理解や対応に用いるべき公衆衛生の視点であるが，トラウマのある子どもには，トラウマ症状に対応したケア（Trauma Responsive Care）も求められる。ただしこれは，トラウマ症状への対処スキルを練習し，より具体的な心理教育を行うものであり，トラウマ記憶の詳細を扱うわけではない。

複雑性トラウマを経験すると，自分を防御する壁が厚くなり，他者との溝が深くなる。あるいは，溝や壁がとても脆くなり，周囲との境界線が引けず，他者に依存的もしくは操作的になったりする。この特徴は，本人の内的な壁（境界線）にも同様に見られる。自分の考えや感情を閉ざして，表情や行動に表れないこともあれば，自分の考えや感情にとらわれて，妄想的・感情的に行動することもある。そのため，他者との境界線を築くと同時に，自分自身の内的な境界線を形成していく必要もある。支援とは，こうした子どもの育ちを支える関わりであると言える。

育ちのプロセスに関わる支援者は，子どもの不信感や挑発に苛立ち，冷静さを失うこともあれば，

「あの子は変わらない」という諦めや無力感を抱いたりもする。「何もしてあげられない」という罪悪感から一転，「こんなにやってあげたのに」と怒りが湧くこともある。だが，支援者が身を犠牲にして子どもに関わることは，トラウマティックな関係性の再演であり，支援者の傷つきによる反応である。それは容易に，支援者を支配者の役割に転じさせる。

そのため TIC では，本人に「何が起きているのか」を考えるのと同時に，支援者の反応や支援の関係性に「何が起きているのか」をも見える化していくことが重要となる。

Ⅴ　暴力に対する支援者のポジショナリティ

支援者の傷つきは，直接・間接的に対象者のトラウマに触れることによって生じる。さらに，対人暴力によるトラウマに関わる際は，支援者のポジショナリティが問われるため，支援者自身のモラルや正義に対する価値観や態度は，つねに実践に反映する。

暴力への介入において，支援者は中立性を保持することはできない。たとえば，子ども間の暴力が起きた際，学校が「どちらも本校の児童生徒だから」と中立性を強調することがあるが，これは被害児の権利（境界線）を加害児が侵害した不公平な状態を追認することであり，まったく中立ではない。暴力によってすでに権利の侵害が起きているのだから，被害側には損なわれた部分を補償し，加害側には侵害した部分が許容されないものとして制限を行うことは，両者の権限を等分に戻すための調整にすぎない。こうした介入で公平性を担保して初めて，学校は修復的な取り組みを考えることができる。修復的な取り組みとは，単なる謝罪ではなく，失われた信用や安全を修復するための具体的な行動である。

公平と公正に対する積極的な調整は暴力に介入するうえで不可欠だが，その際，支援者のモラル・コンフリクトと呼べる葛藤が生じやすい。誰が被害者で，誰を助けるべきかという判断を迫られ，

一方を見捨て，他方に加担したような罪悪感が湧いたりする。暴力への忌避や嫌悪といった感情的反応が，事実の否認や厳罰的な方針につながることもある。暴力に限らず，生命や性に関わる事象は，支援者の個人的な葛藤だけでなく，連携する人々に価値観やモラルのせめぎあいを生じさせ，関係者の対立や分断が起こりやすい。

　家族や親密な関係性における暴力は，外からは「どっちもどっち」と見えたり，「被害に遭うような態度を取るほうが悪い」と被害側が責められたり，パターン化した関係性に対して「本人が好きなら，それでいいじゃない」と自己責任に帰されたりする。こうした近視眼的で批判的な態度は，当事者から距離を置くことによって自分が関与する責任を回避しようとする支援者のポジショナリティの表れであり，モラル・コンフリクトによる反応といえる。被害の訴えに対して，「あの子（加害児）にも，いいところがある」「あなたのお子さんにも問題がある」とバランスを取ろうとしたり，逆に，話を聞かずに「悪いものは悪い」と一刀両断したりするのも，支援者のポジショナリティの揺らぎによるものだろう。

　何を正義と捉えるかは，個人的なものであると同時に，非常に社会的な価値判断でもある。「正しさ」は，公平性やモラルの観点から判断されるよりも，社会的な立場や権力，一貫性や不変性に基づいて評価されることが少なくない。暴力に関しても，社会的立場のある人の言い分が「もっともらしい」とされ，冷淡な態度が証言の信頼性を高める一方，脆弱な立場の子どもは語る言葉をもたず，情緒的な不安定さによって信憑性が疑われる。モラル面の安全が保障されない社会では，加害に対する責任を正しく問うことはできない。

VI　子どもの〈再生〉を支える社会の〈再生〉

　トラウマによって安全が失われるのは，子どもだけではない。支援者もまた，トラウマに関わることで心理的・身体的安全が損なわれ，トラウマティックな関係性の再演によって社会的安全が崩

され，ポジショナリティをめぐる葛藤からモラル面の安全が揺るがされる。支援関係における影響だけでなく，所属する組織の影響もあれば，支援者自身がトラウマをかかえていることもある。それゆえに，支援者も子どもとともに回復することが求められる。

　トラウマからの回復とは，トラウマ症状が軽減し，社会適応が高まることではない。裏切りによる絶望から一縷の希望を見出し，自他への諦めを期待に変え，他者との関係性のなかで生きていこうとすること——それは〈再生〉といえる新たな人生を歩むことである。〈再生〉とは，トラウマを消し去るものではなく，むしろトラウマとともに生きる選択であるように思う。トラウマのなかを生き抜くために，その傷を否認し，回避する生き方ではなく，傷つけられたことへの怒りに気づき，自分自身を傷つける自責感や恥を手放し，そして，他者を傷つけない人生を選んでいくことではないだろうか。

　つまり，〈再生〉とは，回復の結果ではなく，回復のプロセスである。怒りは正当な感情であり，トラウマの症状は傷に対する対処である。それを支援者や周囲に認めてもらってこそ，本人もトラウマによる自分の傷つきを認められるようになる。

　しかし，実際の臨床現場では，トラウマを受けた子どもの感情や対処が十分に認められる前に，集団への適応が求められることが少なくない。そこで期待される適応とは，しばしば「忍耐，我慢，従順さ」である。それらは一般には美徳や分別といった「わきまえる」態度であるが，傷つけられてきた子どもにとっては，感情麻痺，追従の再演，抑圧的な行動化といったトラウマ反応にすぎない。こうしたトラウマティックな態度を「適応」という名の下に求める社会こそ，トラウマの影響を受けた社会といえよう。「わきまえる」社会への適応を迫ることは，子どもの〈再生〉ではなく，トラウマの〈再生産〉になる。

　これは決して，トラウマを免罪符に子どもの無

責任な行動を許容するものではない。多くの子どもは，自分の境界線を破られながら，「自分が悪かった」と自責感を抱き，相手の責任を肩代わりしている。他者にコントロールされ，自分自身をコントロールする機会を奪われてきたのである。そのため，子どもに「一人分の権利」を補償し，「一人分の責任」が果たせるように支援する必要がある。このような権利と責任を調整することなしに，子どもに責任ある行動を求めるのは，中立性を強調しながら，実際には子どもを傷つけた行為を見逃し，許容することにほかならない。

　子どもを傷つける社会の背景には，社会のトラウマがある。暴力を許容し，子どもの傷つきを否認する社会自体が，傷ついた社会のトラウマ反応であるからだ。大人も自分の傷つきを認め，暴力の正当化や無力感を手放し，社会の変化に向けて〈再生〉しなければならない。社会に「何が起きているのか」を理解する視点をもたらす TIC は，傷ついた社会の〈再生〉を支えるものである。子どもの〈再生〉は，大人と社会の〈再生〉とともにある。

▶文献

Bloom S（2013）Creating Sanctuary : Toward the Evolution of Societies. Revised Edition. New York : Routledge.

Courtois CA（2004）Complex trauma, complex reactions : Assessment and treatment. Psychotherapy : Theory, Research, Practice, Training 41 ; 412-425.

Felitti VJ, Anda RF, Nordenberg et al.（1998）Relationship of childhood abuse and household dysfunction to many of the leading causes of death in adults : The Adverse Childhood Experiences（ACE）Study. American Journal of Preventive Medicine 14 ; 245-258.

Herman JL（1992）Trauma and Recovery. New York : Basic Books.（中井久夫（1999）心的外傷と回復 増補版. みすず書房）

Kameoka S, Tanaka E, Asukai N et al.（2020）Effectiveness of trauma-focused cognitive behavioral therapy for Japanese children and adolescents in community settings : A multisite randomized controlled trial. European Journal of Psychotraumatology 11 ; 1767987.

野坂祐子（2019）トラウマインフォームドケア― "問題行動" を捉えなおす援助の視点. 日本評論社.

Schore AN（2001）The effects of early relational trauma on right brain development, affect regulation, and infant mental health. Infant Mental Health Journal 22 ; 201-269.

Schwartz A（2020）A Practical Guide to Complex PTSD : Compassionate Strategies to Begin Healing from Childhood Trauma. California : Rockridge Press.

Substance Abuse and Mental Health Services Administration（2014）SAMHSA's concept of trauma and guidance for a trauma-informed approach. HHS Publication No（SMA）14-4884. Substance Abuse and Mental Health Services Administration.（大阪教育大学学校危機メンタルサポートセンター，兵庫県こころのケアセンター（2018）SAMHSA のトラウマ概念とトラウマインフォームドアプローチのための手引き（http://www.j-hits.org/_files/00107013/5samhsa.pdf［2021 年 5 月 26 日閲覧］））

[特集] トラウマ／サバイバル

オンライン化がもたらすトラウマ被害者支援（ケア）の拡大

中野葉子 Yoko Nakano

原宿カウンセリングセンター

I　はじめに

2020年，世界を襲った新型コロナウイルス感染の拡大によって，あらゆる分野でオンライン化が急速に進んだ。私が所属する原宿カウンセリングセンター（以降，HCC）は，東京都渋谷区にある，12名の臨床心理士が所属する開業相談機関である。家族関係，アディクション（依存症），暴力（DV・虐待・性暴力など），トラウマなどのカウンセリングを行っているが，それらもまたオンライン化を余儀なくされた。

本稿は，前半がオンライン化の歩みの報告，後半はオンラインによるトラウマ支援の広がりとその可能性の考察，という2部構成になっている。なお，本稿はあくまでも一人のカウンセラーの経験に基づくものであることを最初にお断りしておきたい。

II　HCCオンライン化の歩み

2019年8月猛暑の夜，半年に一度開かれる職員全員参加の会議において，その後の日々を一変させる恐ろしい発表があった。

「このビルが取り壊しになるので，年内に引っ越します。ついては業務を拡大し，オンラインカウンセリングを導入しましょう」。

所長の挑戦的決断はまるで翌年のパンデミックを予見していたかのようだった。全員参加にもかかわらず，諸事情で会議に参加できなかった私は，会議後に届いたメールに息を呑んだ——オンライン化担当は，Oさんと私。

平均年齢50代の職場は，私を含めほぼアナログ人間で構成されていた。パソコンがフリーズすればコンセントを抜いて強制的にリセット。ネットが繋がらなくなれば「今日は使えないね」で，いつか自然に復旧するのを待つという次第。あくまで"相対的に""一番パソコンやネットに詳しい"ことを理由にオンライン化担当に任命されたという珍事を前に，ある程度予測できたことであるとはいえ，笑うほかなかった。

オンライン化を進めるといっても，何から始めたらよいか皆目見当がつかない。まずは月並みにネット検索し，仕組みや対象とする相談内容，お金の流れ，契約形態などを思いつくままに調べていった。

そこで最初に気づいたのは，DVや虐待，性暴力，トラウマなどの相談を，本格的にオンラインカウンセリングの対象としている機関が，当時調べる限りほとんどなかったことだった。

当然と言えば当然かもしれない。いつ事態が急変するかわからない相談には非常に慎重で丁寧な対応が必要だ。果たしてオンラインでそれができるのか？　むしろ危険が増す可能性があるのではないか？　事件が起こったらどう対処するのか？——考えれば考えるほど，暴力やトラウマを対象としたカウンセリングをオンラインで実施することは不可能だと思えて仕方なかった。オンライン化担当でありながら疑念を抱きはじめた私は，ビルの取り壊しさえなければ平穏に仕事ができたはずだとビルのオーナーを恨みに思い，日に日に職場に向かう足取りが重くなっていった。

2020年1月。引っ越し作業に追われオンライン化作業はほぼ進展しないまま，HCC は北参道の新オフィスに移転した。広く美しい面接室に心躍る一方で，いよいよ重い腰を上げなければならない時が迫っていた。

III　コロナが背中を押してくれた

年内開始を一応の目標に，利用規約の作成やツールの選定，ホームページの構成などの作業を少しずつ進めていた矢先，新型コロナウイルス感染拡大がその計画を一気に薙ぎ倒した。緊急事態宣言が発出され，HCC は一時閉室せざるを得なくなった。ホームページお知らせ欄の「閉室」の2文字は，クライエントにとっても，私たち職員にとっても，大きなショックだった。いつ再開できるか見通しが立たないが，ずっと閉めておける状況ではない。本格的にオンラインカウンセリングを開始する準備は全く十分ではなかったが，もう猶予はなかった。

皮肉にも，この逆境がオンライン化に向け，強く背中を押してくれることになった。4月7日に発出された緊急事態宣言への緊急対応として，まずは臨時のオンラインシステムを構築することになった。緊急事態宣言下での暫定的な「臨時遠隔カウンセリング同意書」を作成し，メールでクライエントと同意書を取り交わした後，Skype でオンラインカウンセリングを実施するという流れ

を6日間で作りあげた。特に，職員は在宅勤務になるため，個人情報の取り扱いや，クライエントとの唯一の連絡手段である電話受付をどうするかという問題に苦戦した（「電話班」が転送電話にて対応）。なにせ現在進行形のケースだけで数百あるのだ。緊急事態宣言が出される直前から4月11日に閉室するまでの約1週間は，不安になったクライエントからの電話が鳴り止まず，その対応に追われた。

緊迫した臨時システム構築作業だったが，その間の私は，不思議と寝なくても大丈夫なほど疲れ知らずの覚醒状態だった。クライエントの生活と，職場の存続はこのオンライン化にかかっているのだと，過剰な責任感と使命感を勝手に背負い，戦火に立ち向かう戦士のような気分だった。今思えば，私もまたパンデミックによるトラウマを負った一人だったのかもしれない。

オンライン化担当を増員し（オンライン班），トラブルに見舞われながらもなんとか「臨時遠隔カウンセリング」が軌道に乗ったのは，オンライン化に向けわずかながら前年より作業を始められていたことに加え，すでに構築されていたクライエントとの信頼関係と，何より互いの価値観と能力に敬意を示し合える職員全員の連携があったからこそであった。

IV　本格的オンラインカウンセリング

ホッとしたのも束の間，臨時システムが走り出すとすぐに，本格的なオンラインカウンセリングシステムの準備が始まった。正式な利用規約を作ることが次の課題である。従来の HCC の臨床姿勢とルールに加え，すでに得ていた情報も参考に，オンライン化が進んでいる諸外国の利用規約を翻訳して世界標準を取り込みながら，作業に取り組んだ。私たちにとって未知の世界だからこそ，安心して受けてもらえる枠組みを作ることがクライエントの支援につながると信じて進んだ。

8月末，不慣れな法律用語と格闘しながら，班員一丸となって，全10章32条にわたるオンライ

ンカウンセリング利用規約を完成させた。専門外の用語の羅列に，何のことやらわからないままパソコンを閉じることもしばしばありながら，励まし合って取り組みを重ね，3カ月ほどで仕上げることができた。手前味噌ながら，お世話になっている弁護士の先生に驚かれるほどの出来映えだった。

9月28日。しっかりとした利用規約を携えた，オンラインカウンセリング専用のページがホームページに追加された。その日をもってHCCのオンライン化作業は終わりを迎えた。気づけばオンライン化が決定した時から約1年。アナログ集団が時代に追いついた，革命的な1年となった。

V　オンライン化がもたらしたトラウマ被害者支援層の広がり

こうしてもたらされたオンライン化による最大の変化は，なんといっても地理的制約を受けないことと，外出困難な方の支援のハードルを下げたことであろう。

HCCでは，2020年4月に臨時のシステムを立ち上げて以来，現在（2021年3月末）までに，約11カ月で144ケース（この時期全体の約25.3%）の新規オンラインカウンセリングが実現した。継続中のケースも入れれば，2度目の緊急事態宣言が解除された現在も，35%を超えるカウンセリングがオンラインで実施されている。これまで対面では難しかった遠方（海外を含む）の方や，ひきこもりや育児などで外出が困難な方のカウンセリングが可能となり，幅広い層に支援が届くようになった。

7月には，ウェビナー部門（オンラインセミナー）も立ち上げた。カウンセリング同様，参加者は10代から80代までの幅広い年齢層で，約4割が関東以外からアクセスしている。定期的に行われている講座の参加者を対象とした任意のアンケートでは，94.8%が継続的に参加するなかで何かしらの「変化を感じた」と回答した。自由記述欄には「トラウマから回復しはじめた」「生きや

すくなった」などの変化が多数書かれていた。ウェビナーという形もまた，オンライン化によってもたらされた新しいトラウマ支援と言えるだろう。

VI　オンラインはトラウマ支援に適するか

オンラインカウンセリングに対する見解は賛否両論だ。むしろ懐疑的な見解の方が多いように思う。特に，同じ場にいないこと（身体性の欠如）で，クライアントの表情や仕草など細かな反応が観察できないことや，治療者の支持的態度が伝わりづらいという問題が指摘されている。また，斎藤環と東畑開人の対談（2021）においては，オンラインで十分なカウンセリングとそうではないカウンセリングは分かれるのではないか，という議論がなされている。

HCCにはさまざまな暴力や事件のトラウマ被害者が数多く訪れる。前述のように，オンラインシステムを導入した現在では，35%以上のカウンセリングをオンラインで実施している。正確ではないものの，いくつかの文献や出席したワークショップなどでの話によると，対面とオンラインの両方を実施している開業相談機関では，おおよそ2割のカウンセリングがオンラインで実施されているようだ。もし，オンラインでのトラウマ被害者支援が適切でないとするならば，単純に考えてHCCのオンライン実施率はもっと低くなるはずだが，現状はむしろその逆だ。一体トラウマ支援にオンラインは適さないのだろうか。

VII　安全感とトラウマの再体験

カウンセリング中，トラウマ体験について話しているクライアントは，急に声が大きく（またはとても小さく）なったり，体がこわばって息づかいが荒くなったり，泣き出したりすることがある。カウンセリング場面は，カウンセラーと信頼関係を築き，回復を目指す場であると同時に，記憶が引き出され，当時の感覚が蘇り，トラウマを再体験する場でもあるのだ。

一方で，トラウマから回復するためには，心と

体と脳に，身構える必要がないことを納得させなくてはならない（van der Kolk, 2015）。そして，身体に落とし込んだ「安全である」という感覚を味わうことが必要だ（Dana, 2018）。Herman（1992）は，著書『心的外傷と回復』のなかで，トラウマの回復には「安全の確立」「想起と服喪追悼」「通常生活との再統合」の3段階があると書いている。「安全の確立」なくして回復はあり得ないということだ。

　トラウマによって，安全を感じ信頼関係を築く能力を打ち砕かれている被害者にとって，第1段階の「安全」に行き着くまでの道のりは険しい。トラウマから回復するにはその恐怖を通らねばならないという矛盾が生じるがゆえに，トラウマ体験を語ることに躊躇い，なかには，来談するまでに何十年もかかるケースもある。

　伊藤（2021）は，対面式のセッションでは表情が硬く感情に触れることが難しかったクライエントが，コロナ禍で自宅からのオンラインセッションに切り替えた途端にリラックスし，セッションが進行した事例に触れている。私が担当したクライエントのなかにも，「オンラインだと（トラウマに触れるのが）怖くない」と言う方たちがいる。彼らもまた，オンラインに切り替えてから表情が柔らかく，落ち着いて話しているように映る。

VIII　画面のなかからのトラウマ被害者支援

　対面のコミュニケーションでは，相手の存在も声も3次元で立体的に捉えることができる。手を伸ばせば相手に触れられ，互いの声はその空間にある他の音とともに耳に入り，同じ場にいる感覚を共有できる。

　一方，オンラインでのコミュニケーションでは，相手の存在も声も2次元で捉えることになる。画面のなかの相手に直接触れることはできない。そして，画面の1センチ外側には現実空間が広がる。会話は，音声がダイレクトにデバイスのマイクに入るため，やや機械的で平面的な音が情報として耳に届く。つまりは，「同室にいる」感覚を作り

出しにくく，画面越しの相手は，生々しさを失った，臨場感の低い存在にとどまることになる。

　パソコンやタブレット画面のなかのカウンセラーは，決してそこから飛び出してくることはない。時間を共有しながらも，身体性が欠けているからこそ，生々しく「そこにある」存在として，境界を越えクライエントの領域に侵入してくる心配はない。万一恐怖が増せば，パソコンやタブレットを遠ざけてカウンセラーの大きさを調整したり，クライエント自身の映る範囲を小さくしたり（角度を変えて顔面の半分くらいしか写らないようにするなど），声のボリュームを下げたりと，自主的に安全感を保つことさえできる。

　これまでオンラインの欠点とされてきた，身体性を欠いた2次元の存在は，トラウマ被害者の領域を侵害せず，むしろその安全を確保する助けになるのではないか。さらに日常空間に居ながらの通信であればなお，安全感は強まるのではなかろうか。

IX　オンラインでのトラウマ専門治療

　「ブレイン・スポッティング（Brainspotting：BSP）」は，EMDRのエキスパートであったDavid Grand博士が，精神分析，ソマティックエクスペリエンシング，そしてEMDRなどの影響を受けて開発した，視点を固定して行うトラウマの心理療法である（Grand, 2013）。2012年に米国で起きた小学校銃乱射事件の関係者を対象に行われたセラピーなどで高い効果が認められ，新しい心理療法として，臨床的なエビデンスが構築されつつある。BSPでは基本的に視点を固定するため動きが少なく，インターネットの回線状況に左右されづらいこともあり，オンラインでトラウマ治療を行う際，私はこの方法を選択することが多い。

　対面カウンセリングを数年実施してきた女性のクライエントは，親子関係のトラウマを抱えていた。話しているといつも感情が溢れて泣いてしまい，なんとかトラウマに触れるものの，呼吸が浅

くなり，苦しそうな表情を見せていた。頭では十分に自分に起こったことを理解できるようになっていたが，奥深くにある「自責感」や「恥」「恐怖」を解消することが難しかった。緊急事態宣言を機にオンラインカウンセリングに切り替え，BSPによるトラウマ治療を行ったところ，彼女は長年悩まされてきた感覚を手放しはじめた。その日の面接の最後には「もうその感覚は必要ないけれど，（その感覚が）いなくなると寂しいかな」と笑った。

　対面にて BSP を実施した場合と比較できないため，オンラインの効果であるとは断定できないものの，落ち着いてトラウマに臨めたのは，本人曰く「馴染みのリラックスできる場所」（安全感）で，「テレビを観るような感覚だから」（臨場感の低さ）とのことだった。

　考えてみると，「テレビを観るような感覚」とは，トラウマ治療の終着点を示唆しているかのようだ。生々しいフラッシュバックに脅かされるクライエントにとって，「テレビを観ているような感覚」の訪れは，トラウマ治療が終わりを迎えるタイミングでもある。そもそもオンラインでのトラウマ治療の場面設定そのものが治療的であると言っても良いかもしれない。

X　オンライン化がもたらすトラウマ被害者支援（ケア）の多様化

　斎藤は先の対談（斎藤・東畑，2021）において，対面することの暴力性について触れ，「教育や仕事の現場において，今後は『対面』に対する耐性の多様性をふまえた発想が重要になる」と語っている。トラウマ被害者支援においても同様に，対面設定への耐性が低い人に対する多様な発想の支援が重要だと思う。

　オンライン化がトラウマ支援にもたらしたことのひとつは，積極的な「安全の確保」であろう。クライエントによっては，オンラインは対面式の代用や一時凌ぎのものではなく，他の手法と並ぶトラウマ支援の第一選択肢になり得る。いずれが優れているということではなく，クライエントの

状態と必要な支援の段階によって使い分けられれば，より効果的なトラウマ支援へと繋がる可能性がある。

　呉羽（2020）は，テレプレゼンス（狭義には，テレビ会議装置や遠隔操作型ロボットなどを使用したコミュニケーションを指す）に対する危惧を示した Dreyfus（2001）や Turkle（2011）を反証し，「コミュニケーションの機能の多様性を考慮すれば，あるコミュニケーションを本来的と見なすことも，他のコミュニケーション形態に対して原理的に優位に立つと見なすこともできない」と述べている。

　時代とともにコミュニケーション形態が多様化していくなかで，こころのケアは対面設定を優位としているのはなぜなのだろう。もちろん対面する意味は大きく，それが必要な場面もあるが，だからといってそれ以外の形態を否定する理由にはならない。むしろ，対面設定にこだわること自体が特殊であり，コロナ禍の今は，そのあり方を問い直す時ではなかろうか。

　「心的外傷を受けた人に自己統御権を取り戻させること」（Herman, 1992）が支援の中核であるならば，支援者がトラウマ治療やカウンセリングのあり方を決定してしまうことは，彼らクライエントの権利を奪い，回復を妨げることにもなりかねない。クライエントが自ら選び，安全を確保しながら回復していく過程の選択肢は多様であり，さまざまな形態の支援を提供することが，私たちには求められている。

XI　おわりに

　さまざまな分野でオンライン化が進むなか，積極的に暴力やトラウマをオンラインカウンセリングの対象としている開業相談機関は，最初に調べた時から1年経った今も，数少ないようだ。確かに越えなければならない課題はあるものの，時代の変化とともに，カウンセリングのあり方も変わっていく必要がある。

　アナログ人間だった私が言うのも憚られるが，

トラウマ被害者支援においてもオンラインは有用だ。クライエントの期待に応えられる，多様な支援を提供できることこそ，求められる支援の有り方ではないだろうか。

▶文献

Dana D（2018）The Polyvagal Theory in Therapy : Engaging the Rhythm of Regulation. W.W. Norton.（花丘ちぐさ 訳（2021）セラピーのためのポリヴェーガル理論—調整のリズムであそぶ．春秋社）

Dreyfus HL（2001）On the Internet. Routledge.（石原孝二 訳（2002）インターネットについて—哲学的考察．産業図書）

Grand D（2013）Brainspotting : The Revolutionary New Therapy for Rapid and Effective Change. Sounds True.（藤本昌樹，鈴木孝信 訳（2017）ブレインスポッティング入門．星和書店）

Herman JL（1992）Trauma and Recovery : The Aftermath of Violence from Domestic Abuse to Political Terror. Basic Books.（中井久夫 訳（1996）心的外傷と回復．みすず書房）

伊藤絵美（2021）オンラインカウンセリングを開始してみて．In：井原裕，斎藤環，松本俊彦 監修：こころの科学増刊（コロナ禍の臨床を問う）．日本評論社，pp.118-127.

呉羽真（2020）テレプレゼンス技術は人間関係を貧困にするか？—コミュニケーションメディアの技術哲学．Contemporary and Applied Philosophy 11 ; 58-76.

斎藤環，東畑開人（2021）討議 セルフケア時代の精神医療と臨床心理．現代思想 49-2 ; 8-29.

Turkle S（2011）Alone Together : Why We Expect More from Technology and Less from Each Other. Basic Books.（渡井圭子 訳（2018）つながっていても孤独—人生を豊かにするはずのインターネットの正体．ダイヤモンド社）

van der Kolk B（2015）The Body Keeps the Score : Mind, Brain and Body in the Transformation of Trauma. Penguin.（柴田裕之 訳（2016）身体はトラウマを記憶する—脳・心・体のつながりと回復のための手法．紀伊國屋書店）

告 知 ……日本産業保健法学会第1回学術大会のご案内

テーマ：法知識を踏まえた問題解決を考える
日時：2021年9月23日（木・祝日）〜24日（金）
会場：一橋大学一橋講堂（〒101-8439 東京都千代田区一ツ橋2-1-2 学術総合センター内）
　　　※現地開催に加え，ライブ配信及びオンデマンド配信を予定
大会長：三柴丈典（近畿大学法学部教授）
副大会長：香山不二雄（自治医科大学名誉教授）
セッション例：新型コロナ禍の労務と法／人格に偏りのある労働者への対応／産業医制度のこれから／社労士の役割／諸外国のハラスメント規制の効果／裁判所によるストレス認定の検証／テレワークの健康管理／海外勤務者の健康管理／遠隔産業保健と法 ほか
申込方法：https://www.jaohl2021.info/ からお申込みください。
◉連絡先：日本産業保健法学会事務局
　　　　〒162-0833 東京都新宿区箪笥町43 新神楽坂ビル2階
　　　　TEL：03-5946-8844／FAX：03-5229-6889／E-Mail：info@jaohl.jp

[特集] トラウマ／サバイバル

流転する加害／被害

DV 加害者グループ

古藤吾郎 Goro Koto

NPO 法人 RRP 研究会／ NYAN（日本薬物政策アドボカシーネットワーク）

I　はじめに

　夫が妻に暴力をふるう。罵声を浴びせたり，スマートフォンを床に投げつけたりする。

　暴れながら夫は泣いている。どうして何回言ってもわからないんだ。なんで俺にこんなことをさせるんだ。夫に目を合わさず妻が言う。私のせいで，ごめんなさい。

　夫から妻に対する暴力をめぐる架空の場面である。しかし，これまでに出会った男性たちの話から作り上げている。傷ついているのは，涙を流している夫なのか。謝罪するべきなのは，暴力に怯える妻なのか。DV（ドメスティック・バイオレンス）加害者グループを通して，流転する加害／被害について考えたい。

II　加害を突きつけられた夫

　前述の架空の家族のことだが，暴力により傷つくのは妻のほうだ。謝罪しなければいけないのは夫のほうではないか。しかし，そうはならずに逆転している。これは1回きりのできごとではない。類似する場面がこの家族内で何回も繰り返されている。この夫をトモキさん（仮）とする。

　数日後，トモキさんの前から妻と子どもが消え

た。そして妻から，DV 加害者のプログラムに参加したら，再同居するかどうかを考えると告げられた。彼の加害行為により妻が被害を受けた，と妻側から提示されたのだ。トモキさんの暴力はこれまでにもたびたびあったが，初めて自分が"加害者"であることを突きつけられた。暴力をふるったことは思い当たる。ただし自分が加害者だと呼ばれることについては，納得がいかない。しかし仕方がないので，トモキさんはプログラムに申し込むことにした。

　私がファシリテーターを務めている DV 加害者グループにトモキさんがやってきた。プログラムを実施しているのは NPO 法人 RRP 研究会である。RRP という名称は，カナダのブリティッシュ・コロンビア州で行われている DV 加害者男性用プログラムの Respectful Relationship Program（尊重し合える関係のためのプログラム）に由来する。DV 加害者男性を対象にするプログラムは，決して多くはないが国内で複数実施されている。すべてを把握しているわけではないが，内容・構造はそれぞれに特色や違いがあろう。本稿で記しているものは，東京で実施されている RRP のプログラムに基づく。なお RRP が連携しているプログラムは，北から長野，静岡，長崎，熊本で実施さ

れている（2021 年 4 月時点）。

III　初回面接（インテーク）

　RRP では初めてプログラムに申し込んだ人に
対して，まず個別の面接（インテーク）をおこなう。
DV についてのアセスメント，本人のプログラム
参加がパートナーに及ぼす影響（リスクアセスメ
ント），そして参加の動機づけを目的としている。

　トモキさんのインテークを私が担当することに
なった。私は自己紹介をして，そして RRP とい
う団体について，またこのプログラムの趣旨や概
要を説明する。そして，トモキさんがどうしてこ
こに関心を寄せて申し込んだのか尋ねる。妻に暴
力をふるったから，とトモキさんが話しはじめる。
妻がどんな人物であるか，トモキさんによる妻に
対する（低い）評価が言及される。そしてそんな
妻がどんな態度，どんな発言を自分に向かってす
るのか，それを具体的に細かく語る。そしていよ
いよ自身がふるった暴力の話になると，「それで
ついやってしまった」とあっという間に終わる。
何をどうやってしまったのか，そこに関心がある
ので，ぜひもっと教えてもらいたいと私は尋ねる。

　初めてのやりとりなので，トモキさんに少しで
もリラックスして話してもらえるように配慮しな
がら進めていく。暴力について語ることが楽であ
るはずがない。トモキさんの語りを受け止める。
そのなかから，妻と子どもの傷つきが少しずつ見
えてくる。

　ここは暴力をふるったトモキさんに叱責すると
ころではない，そう感じ取ってもらえるように心
がける。少しずつ慣れてきたのか，トモキさんの
語りは続く。トモキさんには他の言い分もあり，
自分がここに来なければいけないことへの不満も
あるようだ。自分のしたことは全部 DV なのか，
そうしたことも見極めたい，とのこと。参加はす
るけれど，加害者だと認めたわけではない，と前
置かれた感じもする。そのなかで妻子に戻ってき
てほしい，どうしたらよいのか知りたい，そのた
めにはこのプログラムを利用するのが自分にとっ

て役立ちそうだ，という動機づけを少しでも引き
出し，高めようと試みる。

　プログラムへの参加はあくまで任意なので，本
人が来たいと思わなければそれまでである。そう
なれば妻と子どもの傷をみつめることも，被害を
防止することも，RRP としてはできなくなって
しまう。

IV　プログラムの開始

　インテークの次は，参加者全員に対しての説明
会を開き，その翌週からグループの初回が始まる。
説明会で伝える主なポイントには次のことが含ま
れる。

- このプログラムは被害者支援の一環であること
- 最も重要な目標は，パートナーからみて安全で尊
  重し合う関係が取り戻せること
- 1 クールは 18 回であるが，暴力の再発防止の自
  信がつくまで 2 クール以上継続することが望まし
  いこと
- このプログラムでは，暴力という行動か，尊重し
  合える行動か，それは最終的には参加者本人の選
  択であり責任であると捉えていること
- プログラムを受講したことに対する修了証などは
  発行していないこと
- 守秘義務の例外として，暴力の再発により差し
  迫った危害が及ぶおそれがある場合など，安全の
  ための方策をとることがあること

　さらにプログラムで扱うテーマの概観や参加の
ルールを伝え，参加誓約書を提出してもらう。そ
して翌週からプログラムが始まる。

V　プログラムの実施法

　コロナ禍の現時点（2021 年 4 月）では，グルー
プはオンラインで実施している。オンライン上で
一堂に会し，その回に使用する資料とホームワー
クを事前に配布し，それらを参考にしながら学
習を進行させる形式をとる。セッションの流れ
は，パートナーとの関係を基本に，1 週間の報告

（チェックイン），次にホームワークの発表，そして当日のテーマについての学習，最後に感想（チェックアウト），という構成が基本になっている。バーチャルな空間ではあるが，ファシリテーターの前に参加者が半円形に座っているイメージで，ファシリテーターが参加者ひとりずつとやりとりしながら，発言の順番を回していく。こうした放射状の関係性が中心であり，基本的には参加者同士の相互作用を促すことをしない。

　毎回，男女 2 人のファシリテーターが担当する。そうすることで被害者である女性の視点が生かされ，同時に，男女の対等な関係を示すことができる。参加者の態度が，ファシリテーターが男性であるか女性であるかにより異なる場合もある。また毎回ペアの組み合わせが変わるため，ファシリテーターの肩書・キャリア（年齢も含む）による態度の変化を感じることもある。それでも，男女 2 人のファシリテーターが対等に話し合い協力する態度を示すことで，男女の関係性の具体的なモデルを提示することが可能になる（信田，2008）。

　RRP のプログラムでは，認知行動療法の考え方を取り入れている。自分の暴力のパターンについて考え，それがどのような状況で，どのような言動があり，そのときどのような考え方をしていて，どのような感情が起こっているのかを整理していく。加えて，その言動の結果，パートナーや子どもにどのような影響を与えたかを知ることも必須となる。暴力による影響を受け止めることをせずに，暴力への責任を果たすことはできない。認知行動療法の枠組みで自分の暴力のパターンとその影響を整理する作業は，暴力に至った言動の責任を引き受ける作業とつながっている（RRP 研究会，2020）。

VI　パートナー／子どもとの関わり

　RRP では被害者であるパートナーに対して説明会を実施し，プログラムの内容（個別の参加者の発言ではない）を伝え，パートナーたちからの質問に答える姿勢を示す。被害に遭った当事者たちが安心感を得て，プログラムの実施者を信頼できるようになることが必要であると考える。つまり，パートナーのために実施されるプログラムであると感じてもらうことに意味がある（信田，2008）。

　同時に，この説明会への参加は必須ではないことも重要である。加害者に関することには接触を望まない場合もあるからだ。夫がプログラム参加を申し込まないのは，パートナーが説明会に参加しないから，となってしまうと，ますますパートナーが追い詰められかねない。あくまで RRP としてはコンタクトの機会を保証する立ち位置からパートナーに呼びかけるのである。またパートナー説明会への参加の諾否については RRP から参加者に伝えないことを，参加者・パートナーの双方に明示している（RRP 研究会，2020）。

　加えて，RRP では関連するプログラムとして，母子を支援する「コンカレント・プログラム」も実施してきている。「コンカレント（concurrent）」は同時並行を意味する。DV の被害に遭い，現在は加害者から離れている母親と子どもに対するグループ・プログラムである。

　以上が RRP のプログラムの概要である。詳細については，ぜひ文献の『DV 加害者プログラム・マニュアル』をご参照いただきたい。

VII　参加者が語る被害者性・受動性

　プログラムのなかで参加者がこう話す。

　「ここで勉強すると，妻と自分のどちらが加害者でどちらが被害者かわからなくなる」「あいつこそ，このプログラムに参加するべきじゃないか」「こっちは，妻のやってることが合理的じゃないのをいつも我慢している」。

　このような発言はたびたびある。加害者を対象にしたプログラムの参加者が，むしろ妻（被害者）がいかにひどいか，自分が我慢を強いられているかと，自らの「被害者性」を強調する。そこには，暴力は妻によって「させられている」という受動

性が伴っており，その暴力は相応の理がある，と正当化される（信田，2021b）。

　こうした発言に対して，プログラム実施者は，参加者のほうが真の被害者であるという立ち位置はとらない。プログラムは被害者支援の一環として実施しており，眼前にはいない被害者が真のクライアントだからである。そのため，参加者が自分のほうが「被害者」ではないか，という視点をもつことに対して，断罪することはないが，しかしながら，本人がおこなった暴力について焦点を当てるように促す。

　被害と加害が渦潮のごとく交錯するなかで，関わる私はその流れに飲み込まれないように足を踏ん張る必要がある。その際に錨となるのが，「責任」である。どのような流転が生じていても，このプログラムを底流で下支えするものは，加害者としての責任を引き受け，応答することである。

VIII　加害者の責任

　DV加害者とパートナーとの関係の再生には，加害者が責任をとることが不可欠である。暴力の責任は加害者側に100％ある。交通事故のように，例えば6:4で責任をとる，という分け方はしない。これが事故であれば当事者それぞれの過失によるものとして，そうした分け方も成立するのだろう。しかし，その出来事（暴力）が過失ではなく選択されて起きたと判明すれば，もはや事故とは呼べない。だから加害者の責任は100％なのだ。

　「責任」は，DV加害者が変わるうえで重要な概念である。RRPにおいて取り上げる責任とは，参加者本人が自身の行為を暴力と認める，という狭い概念におさまるものではない。そうなると，目標が暴力を公的に認めることに設定されがちで，その達成のために，参加者に対して，無責任は良くない，しっかり責任をもたなければいけない，と強く説得しようとする関わり方に陥ることがあると指摘されている（髙野，2020）。

　責任とは，加害者側がただ責任をとる（暴力あるいは非を認める）という一方的なものではなく，

責任は協働構築によって生成されるとプログラムでは考える。被害者の抵抗に対して加害者が応答すること，つまり被害者との関わりのなかで構築されるのだ。加害者側だけで責任をとったということは成立せず，加害者と被害者との間で，加害者が責任をとるという意味を形成しなければならない。当然に被害者である妻や子どもが加害者との関わりを拒絶するということもある。その場合も，拒絶という抵抗に対して，その選択と意味をどのように受け止め，応答するかということも含めて，加害者としての責任の協働構築なのである。拒絶・喪失という関係になったとしても（そうではない場合も），被害者の願いを尊重し協働的に修復を続ける責任が加害者にはあるのだ。真に責任が構築されるためには，加害者自身の言動に，被害者である妻や子どもにとって，暴力により受けた傷の修復としての意味が付与されなければならない（髙野，2020）。

　加害者のなかには幼少期にDVの目撃を含め，父親からの虐待を経験している場合があるかもしれない。プログラムのなかでも，参加者本人が父親をはじめ家族から受けた影響を取り扱う。ただし，パートナーに対する暴力が，本人のトラウマ反応によるものであると矮小化しないことに留意する。虐待などを体験した人が必ず暴力を再現するわけではなく，別の関係を築くことは可能であることも伝える。パートナーへの暴力に対しては100％の責任があることに変わりはない。

　RRPのプログラムは，加害者による暴力の責任を果たす過程の一部を担う。実施に際しては，暴力の責任について，①説明責任，②謝罪・賠償責任，③再発防止責任，という3つを伝えている。①パートナーや子どもとの関係における自分の暴力のパターンを整理し，理解したことについて説明できることが重要である。ただし，そうした説明を加害者から受けることを，パートナーや子どもは望んでいない場合もあるので，説明の機会が得られる保証はない。しかし，自分の言葉で〈なぜ暴力をふるったのか〉ということを説明できな

ければ，②謝罪・賠償責任を果たそうとしても，被害者はかえって空虚に感じる可能性がある。また，自分の暴力のパターンを知ることは，③再発防止の責任を果たす手がかりをつかむ作業にもなる（RRP研究会，2020）。

IX　流転する加害／被害
——免責から引責への可能性

プログラムの底流にはつねにどのように責任をとるか，というタスクが根づいている。セッションのなかで被害と加害が流転するとき，つまり，参加者が被害者性を語るとき，それはよくあることだとわかりながらも，流されないように足を踏ん張るような感覚を覚える。ときには質問を重ねて本人の暴力に流れを向けていく。するとやがて「（そうはいっても）暴力をした自分が悪いのだけれど」という語りが出てくる。まるで被害者性について描いたAメロとBメロを歌わないと，サビパート（自分の暴力）にたどりつかない歌唱のようにさえ聴こえてくる。この被害者性を歌い上げている部分だけを取り出せば，否認や矮小化，あるいは暴力の正当化と指摘できる。それが頭によぎるから，私は踏ん張ろうと反応するのだ。

しかしながら最近になって，サビの部分までがひとつの流れと捉えると，参加者は自分の被害者性を口にすることで，責任を引き受けることが促進される可能性があるのではないか，そう考えるようになった。自分が被害者となれば責任はなくなる。つまり免責される。いったん自らを免責することで，実は引責できるようになり，責任に応答できるようになるのではないだろうか，そうした仮説である。

本来は被害者になることで加害と被害の関係が逆転するはずなのだが，図らずも明らかな非対称性が浮かび上がってくる。たとえば，自分が被害者だとしても，パートナーに与えたであろう恐怖と同等の怯えを，自分は感じていないことに気づくかもしれない。それなのになぜ自分が被害者だと言えるのか……それは妻から恐怖を与えられた

からではなく，（妻が）思い通りにならなかったからなのである。

いったん免責されたことでその責任は少なくとも自分の内部からはなくなった，つまり責任を外在化してみたのだが，だからといって思い通りにならなかった妻こそがその責任を負うべきだ，妻こそが真の加害者だ，と声高に主張することもどうもできない。何をしても，自分による暴力が存在した／するという事実，妻子が目の前からいなくなったという事実からは逃れることができない。いきなり妻から投げつけられた加害者としての責任のボールを，「何だよこれ」と自分から取り出してみたものの，どこにもそれを押し付けるのにふさわしい場所が見つからず，結局は自分のなかに戻す以外にないことに気づく。そのようにして取り出した責任を自分のなかに再び引き戻す動力が，引責を駆動させるのではないだろうか。加害と被害は幾度も流転するかもしれないが，そのたびに参加者がこの動力を発動させ，責任の構築にとりかかれるように，私たちは関われるのではないかと考察する。

これは当事者研究のなかで起きることに着想を得たものである。RRPのプログラムは認知行動療法を取り入れているし，当事者研究とは異なるものであることにはきちんと留意しながら，引き続き，この仮説の検証に取り組んでいきたい。

X　社会の壁

昨年からのコロナ禍により，国内のDVがますます顕在化している。2021年3月に政府は「DV対策の今後の在り方」という報告書を発表した（男女共同参画会議 女性に対する暴力に関する専門調査会，2021）。それによると，配偶者からの暴力の被害経験について，女性の約3人に1人に被害経験があり，そのうち約7人に1人は何度も被害を受けている。また，配偶者暴力相談センターにおける相談件数は，2019年度に約12万件と過去最高になった。さらにコロナ禍のなかでDVの増加・深刻化が懸念され，前述の相談センターに

加えて「DV相談プラス」という相談窓口が開設された。両者の相談件数の合計は，前年の同時期と比べて約1.5倍になっているという。

　一方で，DVをめぐる日本の取り組みは遅まきながらも着実に前進している。検討課題のひとつとして，現行のDV防止法（配偶者からの暴力の防止及び被害者の保護等に関する法律）には，DVを定め罰するという想定がないことが挙げられる。つまりDV罪が存在しないため，被害者の告訴なしに加害者として逮捕できないのである（現状では親告罪になっている）。海外にはDVを非親告罪とし，裁判所命令によるDV加害者プログラムへの参加を義務づけている国が複数ある。

　加害者プログラムを実践しながら考えることがある。いくつかのプログラムが全国で実践されているものの，潜在的な加害者の数にはとうてい追いつく気がしないということだ。介入できていない加害者と同数以上の，被害を負っている妻子がいるのだ（被害者は女性に限らないが，圧倒的に女性である）。命を落とす凄惨な事件がたびたび報道されているのに，なぜ司法制度も含めて介入が届かないのか。家父長制により高く築き上げられた社会的な障壁があまりに高いが，それを感じるのはDVに限らない。夫婦別姓が法的に認められない，同性婚が認められないなど，家族の在り方が変わることに対して，壁はなかなか下がらない。

XI　おわりに

　私はRRPで加害者プログラムに関わることに対して使命感を抱いている。ここでは，参加者に対して反省や償いや謝罪を上から押しつけたり，説得したりするようなことはしない。パートナーを尊重する関係を築きたいという本人の希求と切望を喚起するのである。暴力を否定することと，参加者の人格を尊重することは両立できる。そうした関わりなら，と足を運びつづける参加者たちに出会える。社会を変えるための活動の機会も作り出せる。そしてその先に，傷つけられた妻や子どものための安全の道を見出すことが可能となる。

　このプログラムは，たしかに直接被害者たちを支援するものではない。しかし必須な関わりである。眼前にある見えない壁を通り抜けて，その先にある傷をみつめることに真摯に努めたい。

▶文献

男女共同参画会議 女性に対する暴力に関する専門調査会（2021）DV対策の今後の在り方（https://www.gender.go.jp/kaigi/senmon/boryoku/houkoku/pdf/honbun_hbo10.pdf［2021年4月20日閲覧］）.

アラン・ジェンキンス［信田さよ子，高野嘉之 訳］（2014）加害者臨床の可能性―DV・虐待・性暴力被害者に責任をとるために．日本評論社.

國分功一郎，熊谷晋一郎（2020）〈責任〉の生成―中動態と当事者研究．新曜社.

信田さよ子（2008）加害者は変われるか？―DVと虐待をみつめながら．筑摩書房［ちくま文庫＝2015］）.

信田さよ子（2021a）家族と国家は共謀する―サバイバルからレジスタンスへ．KADOKAWA.

信田さよ子（2021b）すべて妻の責任…被害者ヅラする男たちの「信じられない言い訳」．現代ビジネス．講談社（https://gendai.ismedia.jp/articles/-/81487［2021年4月20日閲覧］）.

NPO法人リスペクトフル・リレーションシップ・プログラム研究会（RRP研究会）編著（2020）DV加害者プログラム・マニュアル．金剛出版.

髙野嘉之（2020）DV加害者臨床の概要．In：NPO法人リスペクトフル・リレーションシップ・プログラム研究会（RRP研究会）編著（2020）DV加害者プログラム・マニュアル．金剛出版, pp.14-21.

[特集] トラウマ／サバイバル

男性の性被害への視座

宮﨑浩一　Hirokazu Miyazaki

立命館大学大学院人間科学研究科博士課程後期課程／臨床心理士／公認心理師

I　はじめに

性的自由や性的自己決定の侵害として性暴力を捉えるならば，人は誰でも性暴力被害者になる可能性がある。男性が性被害者になることは事実であるにもかかわらず，「男性の」とあえて名指さなければ不可視にされている。

「男」であるとみなされてその被害が不可視化されているということは，ここに，ジェンダー問題があることを意味する。Scott（1988/1992）は，ジェンダーを「肉体的差異に意味を付与する知」と定義している。ペニスを有していることで挿入の主体として見られる男性身体は，加害者の意味を付与されている。男＝加害者，女＝被害者というジェンダー化された素朴な認識の仕方によって，男性の性被害は矛盾しているものと見られている。

80年代以降，「性暴力」という言葉が女性に対する暴力の告発として使われはじめたように，性暴力の問題系は理論的にも実践的にも女性の声に負っており，そこには強大な性差別の存在がある。「性暴力」の認識構造はジェンダー化されているといえるが，男女差別が歴然と存在し女性が性的に利用されやすい社会において，「男性の性被害」

と聞いたときの素朴な語感的矛盾には検討すべき課題が含まれていると思われる。たとえば，男女差別が存在する社会において「男性」の特権や加害の問題をどのように位置づけられるのか。「女性に対する暴力」としての性暴力の文脈との関係，加害者となる女性の位置——これらの疑問から，男性の性被害者というジェンダー化された問題を扱うために，男性の特権性，加害性といった，いわゆる「男性性」の問題を無視しない男性被害者支援を構想する必要がある。

本稿では，「男性の」と名指すことで見えてくる性被害にはどのような問題が含まれているかを整理し，男性の性被害者支援の可能性を提示したい。

II　男性被害者の不可視性の可視化

男性優位社会で男性という層に生きる者は特権を享受しうる。Sedgwick（1985/2001）は，同性愛嫌悪と女性蔑視によって構成される男性同士の関係を「ホモソーシャル」として概念化したが，この構造と男性被害者の不可視化は近似である。一部の男性が女性とマイノリティ男性（例えば同性愛男性）を支配できる仕組みを維持するうえで，男性の性被害は不可視にされる。

男性被害者が不可視にされ周縁化されることによる利益は，加害者にもっぱらある。男性の性被害に関するレイプ神話は，男女間の性愛を規範とした異性愛中心主義，男は強いから戦えるといった規範的男性性をもとに構成されている。そのため，男性の性被害は規範的セクシュアリティからの逸脱として周縁化され，加害者の責任は問われなくなる。

第二波フェミニズムにおける性暴力の理論化や，ゲイ解放運動，クィア理論などが「性」（セクシュアリティ）の多様性，歴史性，構築性を明らかとしていくことを背景に，80年代後半から日常場面での男性の性被害者への調査が始まり，その被害率や影響が明らかとなってきた。それまでは，例えば，60年代後半のアメリカにおける刑務所内での同性間の性暴力の調査（Davis, 1968）があったが，被害者男性を「見た目がいい」や「若く見える」などと形容し，一方の加害者男性についてはその犯罪歴を挙げることで，相対的に男らしさが劣る男性として，被害者が説明されていた。

日本でも男性という層に位置する個人の被害は長らく不可視化されてきた。これは，刑法において象徴的に表れており，日本では2017年に刑法が改正され強制性交等罪となるまで，男性には挿入を伴う性暴力の被害者になる資格はなかった。これは逆の見方をすれば，加害を行う性としてのみ，男性が性暴力の定義に入っており，挿入の主体としてのペニスを有する男性としてのみ存在していたということである。欧米の調査に比べて，大規模な調査は少ないものの，日本でも90年代から性被害体験について男性が含まれる調査が始まっており，挿入を伴う被害で0.3〜1.5%という結果が示されている。

III　「女性化」される男性被害者

2000年代以降，ジェンダーやセクシュアリティの観点から男性被害者が不可視化される構造について理論化されるようになってきた。例えば，自身の被害体験を開示し研究を行っているイギリスの社会学者Javaid（2018）は男性の性被害について，「加害者を男性的，被害者を女性的として構築することにより，男性間の不平等な関係を正当化する」と説明している。つまり，男性が性被害に遭うという体験は，加害者より弱く虐げられた者として表象され，「女性化」と説明されることによって男性的でないと意味づけられていくのである。それは，異性間の性交を規範とした，「男性＝挿入＝加害，女性＝被挿入＝被害」の認識構造に沿わない他者として男性被害者を構築することで成り立っている。このような男性被害者の「女性化」について，Cohen（2014）は「男性性の脆弱性を説明し，そしてそうすることによって，そのような言説は男性被害者を『女性的』にする」と解説している。弱さ，傷つきを「女性的」なものとすることによって，男性被害を否定するのである。だが一方で，女性化される男性の性被害とは，これまでの性暴力の視座を問い直す契機となる。なぜなら，性被害が女性的であるならば，男性という主体に対して客体化された他者としてのみ全ての性被害者が位置づけられてしまうからである。

ジェンダー化された性暴力の下で，男性の性被害者はその経験を語る言葉をもつことが困難であった。必死に声をあげても「男性の被害はわかりません」だとか，「男性が性被害に遭うの？」といった聴く側の偏見によって，その声は聴かれることが少なかった。また，調査や研究も遅れ，被害者への支援が不十分な状況となっている。適切な情報がなく，語る言葉を見つけられない悪循環が，一層男性被害者を孤立させてしまっている。

IV　被害認識の困難を規定する要因

ジェンダー化された社会において，男性の性被害者は男性性と自身の被害体験との間に微妙で相反する関係を結ばなければならない。「なぜ男なのに」「なぜ，射精してしまったのか」「本当は望んでいたのではないか」「なぜ戦えなかったのか」

といった，被害後の葛藤はめずらしいことではない。男らしさと性被害は矛盾しているように受け取られるため，当事者自身に葛藤を引き起こし，それによって性的に侵害された体験を被害として認識することが困難となり，言語化されづらい状況を固定化している。

特に男性被害者にとって特徴的だと考えられていることに，「男性性の混乱」と援助要請の困難がある。男性性の混乱とは，「当該文化における規範的男性像と一致していないことや，被害者自身が抱くジェンダー・アイデンティティが不安定な状態を表現しているものである」（宮﨑，2021）と説明される。「男なのに性被害に遭うのか？」という，性被害体験と男性ジェンダーの矛盾に加え，不随意な男性器の反応による恥辱感，自責感が生じることがある。

男性器は視覚的に明らかな構造であり，勃起や射精，そしてそれに伴う「快感」が加害者にも明らかになるため，被害体験の認識に混乱を引き起こす要因のひとつと考えられる。勃起や射精は反射的に起こる身体反応であり，それによって同意の証となるものではないし，望んでいた証拠にもならない。だが，加害性の象徴としてみられるペニスを有していることによって，その行為の有責性を担わされることとなる。また，挿入関係においても同様に，「挿入される被害」は「女性化」された被害としてわかりやすいが，「挿入をさせられる被害」については能動性があるように見えてしまう。身体反応は，男性の挿入の意図を表しているように見えるため，第三者だけでなく当事者もその状況の責任と主体性や能動性を男性に押しつけかねない。そのため，被害者にとっても自身の体験を被害経験として意味づけることを難しくさせ，被害として状況を定義することを難しくさせ，ねじれを引き起こしている。

規範的男性像と一致しない性被害体験による男性性の混乱は，援助要請とも関係している。男性被害者は女性に比べて援助要請を行っていないと考えられており，そこには規範的男性性や同性愛嫌悪が関わっていると指摘されている。また，前節で触れたように，日本では男性被害者に対する支援体制や情報が不足している。そのため，被害者が助けを求めようと思っていたとしても援助要請先が限られ，援助要請行動自体が現実的な選択肢となっていないということができる。

Ⅴ　性被害からの回復と男性ジェンダー

「男性」というカテゴリーにおいて，性被害者と認識することには加害性と個人的な苦しみの体験が矛盾する仕方で交差する。この困難な状況において，被害からの回復にどのような支援の可能性を考えられるだろうか。

性被害からの回復には，まずその被害認識を得るための支えが必要になると思われる。被害認識を阻害する状況を前節で述べたが，個人的な性的侵害体験とそれを性被害として認識する過程を分けることで，支援の可能性を検討してみたい。

極めて個人的な性的侵害を受けることによる反射的な不快，痛み，苦しみ，嫌悪といった情動や身体反応を「一次的性的不快体験」として考え，ある種の「無性的な性被害者」として扱い，個人としての苦しみを聴くことが初期の段階に必要であると思われる。「男性」というカテゴリーを初期の段階で積極的に取り上げることは，体験の評価を複雑にさせてしまう。そのため，例えば「男性でも性被害に遭う」という言い方よりも，中性的な「人は性被害に遭う」という言い方で，性的に不快な出来事への心身の反応を説明することによって，個人と男性ジェンダーの葛藤を一時的に和らげ，不快な体験の対処がスムーズとなるのではないかと考えられる。

その後の回復過程では，「男」に関するさまざまな規範やイメージが一次的性的不快体験に意味を付与していくため，たびたび男性カテゴリーと個人的な侵害体験との間に離齬が生まれてくる。規範的な男らしさとは，主体性と能動性によって構築されているため，そのような男性象と被害経験は矛盾し，男性規範に沿うような生き方を性

被害者として歩むことはできない。性被害と男性ジェンダーの関係の葛藤を解消したいという動機から，「二次的な性被害体験の認識」にいたるプロセスを想定することができるだろう。

　男性被害を不可視にさせ沈黙させるジェンダー化された社会構造では，極端なひとつの可能性を提示できる。それは，規範的な男らしさを再獲得し，被害体験を否認もしくは矮小化することである。基本的に，規範的なジェンダーやセクシュアリティが支配的な社会では，このような否認と矮小化を被害当事者に強いている。例えば，自身の脆弱性を排除しジェンダー規範に沿うような過剰な男らしさで対処し，被害体験を自傷的にポルノ化することで，受動的な身体をファンタジーで男らしく主体化する。また，「本当は望んでいたのではないか？」という葛藤を感じないようにして「俺は，望んでいたのだ」と信じようとするのである。

　そこで，当事者の体験を否定しないひとつの可能性をあげたい。それは内在化した男性性の規範を相対化し，個別的な被害体験と男性カテゴリーが交差する自己を受け入れていくことである。個人の被害体験と，男性という層に位置づく規範的影響を相対化し，どちらも否定しないことは非常に困難な方法でもある。しかし，男性優位社会において男性として生きざるを得ないことや，社会的条件から自由ではないことを当事者が自覚することで，葛藤を全体的に処理していく契機となる。個別的な性被害にジェンダーやセクシュアリティ規範によって意味が付与されていると理解することは，自身に起きた出来事を整理することにつながると考えられる。

　このプロセスにおいて他者に被害体験とその葛藤を話すことは重要であると思われる。支援場面において，「聴く」ことの重要さは改めて指摘するまでもないが，セクシュアリティや逃れられない社会構造を纏って生きざるを得ない個人を支援するために，「聴ける」支援者であることは非常に重要である。だが，支援者が男性の性被害を

聴くことには困難が伴っている。なぜなら，支援者もまた同様に社会的な条件から自由ではないため，支援者自身のジェンダー観やセクシュアリティ観が男性の言葉を聞くときに影響を与えているからである。性差別の自覚の上にある性暴力の問題系において，女性被害者への支援がエンパワメントであり性差別の解消であるとするならば，男性にとってのそれは規範的な男らしさを相対化し脆弱性を受け入れられるようにすることだと思われる。このような視点から男性被害者の声を聴くために，支援者自身のジェンダー観・セクシュアリティ観を見直していく必要もある。

VI　おわりに

　苦しみ，痛みは，男性というカテゴリーに属しているからといって決して少なくなることはない。しかし，そのような脆弱性や弱さを認めることを許さないのがジェンダー化された社会が男性特権の対価として男性に求めているものである。規範的な男らしさを解体することは難しいと思うが，男性が自らのセクシュアリティやジェンダーについて語れるようにならなければ，代案は見つからない。体験に意味を付与していくセクシュアリティやジェンダーに注意しながら，男性被害を語り得ることばを模索していく必要があるのではないだろうか。

　本稿では，出生時の性別割り当てに一致する性自認をもつ男性（シスジェンダー）を念頭に記述した。「男性」といっても，性自認や性指向など性のあり方はさまざまである。非常に個人的な性への侵害について，誰もが排除されずに支援を受けられる社会を目指していきたい。

▶文献

Cohen C（2014）Male Rape Is a Feminist Issue : Feminism, Governmentality and Male Rape. Palgrave Macmillan.

Davis A（1968）Sexual assaults in the Philadelphia prison system and sheriffs vans. Society 6-2 ; 8-17.

Javaid A（2018）Male Rape, Masculinities, and

Sexualities : Understanding, Policing, and Overcoming Male Sexual Victimization. Palgrave Macmillan.

宮﨑浩一（2021）男性の性被害とはどのように生きられるのか―一人称の現象学的記述の試み．ジェンダー＆セクシュアリティ 16；31-53.

Scott JW（1988）Gender and the Politics of History. Columbia University Press.（荻野美穂 訳（1992）ジェ

ンダーと歴史学．平凡社）

Sedgwick EK（1985）Between Men : English Literature and Male Homosocial Desire. Columbia University Press.（上原早苗，亀澤美由紀 訳（2001）男同士の絆―イギリス文学とホモソーシャルな欲望．名古屋大学出版会）

告知 …… 第 14 回（2021 年度）関西森田療法セミナー（入門コース）開催のお知らせ

日時：2021 年 9 月〜2022 年 2 月（全 6 回）日曜日 10：00〜12：00

開催方法：オンラインセミナー（Zoom による）

内容：このセミナーは，森田療法初心者向けのものです．森田療法の基本的な理論と治療の実際についての講義を行います．本セミナーは日本森田療法学会公認です．

受講対象者：メンタルヘルスに関わる医師，公認心理師，臨床心理士，カウンセラー（学生相談，スクールカウンセラー，産業カウンセラーなど），社会福祉士，精神保健福祉士，教育関係者で森田療法セミナー資格審議会が適当と認めた方．原則クライアントの守秘義務を持つ方．

受講料（テキスト代 3,200 円含む）：33,200 円／大学院生（医師・社会人大学院生は除く）18,200 円

◉連絡先：関西森田療法セミナー事務局

〒 194-0298　東京都町田市相原町 4342　法政大学現代福祉学部久保田研究室内

E-mail：kansai.morita.seminer@gmail.com

お問い合わせ，ご連絡は事務局まで郵便もしくは E-mail にてお願い致します．

行き違いを避けるため，お電話によるお問い合わせはご遠慮ください．

🗨 [特集] トラウマ／サバイバル

二次受傷のセルフケア
援助者のためのマインドフルネス

小林亜希子 Akiko Kobayashi
マインドフルネス心理臨床センター

I はじめに

　トラウマを負った人びとを援助することは，称賛に値する仕事である。ケアの専門家は相手の痛みを理解し尊重し，そこからの回復の過程で希望を芽生えさせ，確信をもって仕事を遂行し，迅速に成し遂げる。しかしながら，援助者であることはまたリスクも負う。すなわち，人々をケアすることで時には，相手の外傷性の体験に曝された直接の結果として苦痛を経験する。
　　　　　　　　　　　　　　－ Figley（1999）－

　多くの医療関係者や，心理臨床に携わる者，他者を支援するために多くのエネルギーを注ぐ人々は，「共感疲労」を起こす可能性がある。虐待や，暴力の体験を繰り返し聞き，熱心に支援することで，支援者たちは，支援対象者のトラウマを追体験することがある。このような共感疲労は「二次的外傷性ストレス」という名前でも知られ，「配偶者など親しい間柄の者がトラウマとなる出来事を体験したことを知ることにより，自然に必然的に起こる行動や感情」と定義される（Figley, 1999）。具体的には，悪夢，感情的な反応，過覚醒などの症状が見られる。
　二次的外傷性ストレスの提唱後に発表されたDSM-5（APA, 2013）のPTSD診断基準A項目では，「近親者または親しい友人に起こった心的外傷的出来事を耳にする」「心的外傷的出来事の強い不快感をいだく細部に，繰り返しまたは極端に曝露される体験をする（例：児童虐待の詳細に繰り返し曝露される警官）」と記載されており，他者が体験したトラウマとなる出来事にさらされることもPTSDの診断基準に含まれている。
　クライアントの苦痛をより深く感じるので，共感的で感受性豊かな支援者は二次受傷を受けるリスクが高い。トラウマ支援に携わる専門家のおよそ4分の1が何らかの共感疲労を有すると推測されている（Neff, 2011）。そのため，我々はまず，支援職としてトラウマに関わると，二次受傷を被る危険性があるのだという事実を知っておかねばならない（Stamm, 1999）。
　このような二次受傷を防ぐために支援職ができるセルフケアとして，「マインドフルネス」「セルフ・コンパッション」などが注目されている。研究によれば，マインドフルネスやセルフ・コンパッションは，支援に従事する人々のストレスを低減させることが示されている（Raab, 2014）。セルフ・コンパッションの訓練を受けた人は共感疲労を経験する頻度が低くなるが，それは彼らが患者と関わる際に過度のストレスを感じたり，燃え尽きたりすることを回避する技術を有しているためだと

指摘されている（Neff, 2011）。

　本論稿では，まず私自身が以前体験した二次受傷とその回復について記し，回復するうえで役立ったセルフケア「マインドフルネス」「セルフ・コンパッション」を紹介したい。

II　二次受傷の体験

　私は数年前，児童福祉臨床に関わっていた。当時は私自身も，乳幼児であった第一子の子育て中であった。現場では，DV や虐待の被害を受けた母子の面接を担当していた。今から思うと，職場の管理職や関係機関，同業の仲間に適宜相談してはいたが，定期的なスーパーヴィジョンは受けておらず，サポートが十分だったとは言えない。若いスタッフの多い職場で，私はその勤務先では，ベテランの一人だった。その現場で出会ったクライアントは，容赦ない暴力や虐待の犠牲者だった。だからこそ，その人たちを支援するために頑張らなくては，と強い使命感をもっていた。

　私は，学生時代より母子臨床に強い憧れがあり，児童福祉の現場に就職できたときは本当に嬉しく，熱心に臨床に取り組んだ。だが，数年経った頃，面接の枠を守らないクライアントや，行動化の多いクライアント，DV 被害の詳細について繰り返し何度も過覚醒の状態で語るクライアントに対応しながら，少しずつ共感疲労は蓄積していった。

　ある日，あるクライアントの過覚醒気味の声が，その日寝るときになっても耳から消えず，全く眠れない日があった。あるときは仕事に行こうとすると涙が出そうになった。そのうち「自分はなんて恵まれているのだろう」，と罪悪感をプライベートな時間でも抱くようになった。夜中に目が覚めても，支援対象の母子のことを思い，クライアントに取り憑かれているように感じた。自分自身が子育て中だったのも，支援対象である母子との距離をとることを難しくさせたのだろう。そして何より，根を詰めて支援をしすぎていた，と振り返ってみれば思う。職場の同僚たちにうまく頼ることもできず，つねにクライアントや同僚たちへのケアを第一に考え，孤軍奮闘していた。セルフケアがすっぽりと抜け落ちていた。

　その後，DV 被害の話を詳細に聞いているうちに，気分が悪くなることが頻繁になり，そのうち発汗や顔面紅潮の症状が出てきた。更年期症状かと思い，アイスパックで冷やしながら面接を続けていた。首の左側の痛みからくる頭痛がひどく，鎮痛薬が効かなくなった。道ゆく人にぶつかりそうになると自分が悪いと思い，「すみません」とやたらと謝った。当時 3 歳だった娘は，トイレトレーニングを卒業していたはずが，逆戻りした。臨床がプライベートを侵蝕しているような感覚があった。

　そんななか，クライアントの話を聞いている最中に，自分も心臓がドキドキしてきて，呼吸が苦しくなった。なんとかその面接は最後まで，何事もなかったかのように終わらせることができた。しかし面接後「これはまずい」と思い，調べてみたところ，「これはパニック発作ではないか？」と思い当たり，上司に相談して 2 週間勤務を休ませてもらうことにした。それからその職場には，もう二度と行けなくなった。頭では「行かなくては」と思っても，もう身体が言うことを聞かなくなってしまった。

　これが私の二次受傷の体験である。症状としては，罪悪感，不眠や驚愕反応などの過覚醒，疼痛，抑うつ状態，怒り，さらには今，目の前のことに集中できない不注意，などの症状もあった。

　そして，自分自身に未消化のアタッチメント・トラウマや DV 的なトラウマ体験があったため，臨床体験から「あのかつて自分が経てきた関係性も DV だった」，と実感した。それら未消化の自分自身のトラウマに上乗せするように，クライアントのトラウマの話を親身に聞きすぎて，二次受傷に至ったのであろう。

　そもそもトラウマ臨床に脆弱性をもつ人もいる。自らトラウマ経験を有するセラピストも一定の割合で存在するし，彼らはトラウマ臨床に興味をもちやすい。自らトラウマを抱え，周囲からの

サポートが充分でないのにクライアントのトラウマ支援に突っ走ると，筆者のように二次受傷を負うことがある。

　母子臨床に従事して，また自分自身の経験から得た大きな学びは，早期のアタッチメント・トラウマを抱えるクライアントのなかには，パートナーとの関係性においても類似するトラウマを受傷している場合が多いということだった。その学びは，その後の臨床実践にも多いに役立っている。

III　二次受傷からの回復

> 傷とはあなたのなかに光が入り込んでくる場所だ。
> 　　　　　　　　　　　　　　　　 －ルーミー－

　さて，次に二次受傷から私がどのように回復したかをお伝えしたい。面接中にパニック発作を起こし，逃げられない環境で面接をすることが怖くなった私は，「臨床心理士として終わった」，と思った。以前お世話になっていた医療機関に相談に行ったところ，仏のように優しい先生はこう言った。「あなたは，頑張りすぎてしまう人なのですよ。いいんですよ，あなたが頑張らなくても，あの人たちもどうにか生きていきますから，自分のケアをしてください。そうです，亜希子さん，マインドフルネスがいいですよ。高額な講座なんか受けなくてもいいから，本を読んでやってご覧なさい」とアドバイスしてくれた。

　マインドフルネス。かなり前から知識としては知っていたが，当時は実践しようとしてもピンと来なかった。「あの先生が言うなら少しやってみようか」。そう思い，本を読みはじめた。さらに，「これからは自分のこともちゃんと助けよう」「まずは自分のため，家族のために楽しく生きよう」，と思った。

　飛行機のフライト中の緊急時には，乗客はエアマスクを装着しなければならないが，子どもにつける前にまず自分にマスクをつける，という話から「セルフケア」の考え方が生まれたそうである。まさにそのセルフケアをしっかりやろう，と心に決めた。

　そして始めたのが，キャンプと温泉巡りとマインドフルネスだった。キャンプでは自然とつながることができ，五感をフルに使うため，自然とマインドフルな状態に導かれていった。見様見真似でなんとかテントを立て，家族3人で焚き火を囲んで，外でご飯を食べた。温かく，しんみりとした幸せを感じた。自分が楽しくしても，幸せを感じても，罪悪感はもう覚えないようになった。「自分を犠牲にしても，何がなんでもお母さんを助けなきゃ」——そのようなアタッチメント・トラウマが私の心の大元にあったようだ。

　その後，公認心理師の試験前後に不眠気味になったことをきっかけに，スマートフォンのアプリでマインドフルネスを実践するようになった。そして試験後には，8週間のマインドフルネスストレス低減法（以下，MBSR）をオンラインで受講するに至った。その講座で，まさに人生がガラッと変わったのである。

IV　マインドフルネスとセルフ・コンパッションの恩恵

　MBSR受講後は，1日30分のマインドフルネスの瞑想をする習慣が身に付いた。仕事も趣味のキャンプも「やりすぎる」傾向があったが，マインドフルネスにもどっぷりとはまった。半年後には，MBRP（アディクションのためのマインドフルネス再発予防）の講師養成講座を受けにアメリカに留学していた。

　マインドフルネスとは，ブッダが悟りを開く過程で発見した自己洞察のひとつである。アメリカのJon Kabat-Zinnが宗教色を排除しつつ，東洋の禅やヨガ，ヴィッパッサナー瞑想などの手法を取り入れて，ストレス対処用のプログラムとしてMBSRを作成した。彼によればマインドフルネスとは，「独特の方法で注意を払うことです。意図的に，その瞬間に，判断をせずに」（Kabat-Zinn, 1994/2012）。

　マインドフルネスを実践すればさまざまな効果が得られることが，科学的に実証されている。不安やストレスの低減，慢性疼痛の緩和，燃え尽き

の予防，依存症の再発予防効果など，マインドフルネスの有効性は多数報告されている（Stahl & Goldstein, 2010/2013）。

　その後，マインドフルネスの先輩に勧められてマインドフル・セルフ・コンパッション（以下，MSC）の10週間オンライン・コースも受講した。MSCのプログラムでは自分自身への批判的な声を鎮め，自分が自分自身のより良い友達になることを目的としている。私の場合，自分自身に対して厳しい態度を取る傾向が，二次受傷を促進したのであろう。MSCを通して自分への思いやりを身につけたことにより，さらに二次受傷からの回復が進んだように感じられた。MSC講座に参加したことでアタッチメントの修復を実感し，感激した。その余韻からか，その後はMSCの講師養成講座まで受けてしまったほどだ。

　私にとっては，セルフケアとしてのマインドフルネスとセルフ・コンパッションを実践することで，以下のような効果が感じられた。

　・集中力がアップし，最後まで課題を終わらせることができる
　・生産性がアップし，以前より文章が書ける
　・客観性が増したように感じる
　・感情的になることがかなり減った
　・自分や周囲に優しくできるようになった
　・自分の「中心」を感じることができ，「自分はありのままでいい」と心から受容できるようになった（スピリチュアリティの体験）
　・安心感や安全感を大切にするようになった
　・仕事中心だったワークライフバランスを見直し，従来のカウンセリングからマインドフルネス中心の臨床にシフトした

　そして今，私はマインドフルネスを教えることを生業にしている。対象は，依存症の問題を抱えている当事者の方々や，援助者の方たちである。私が主催している講座でしばしば紹介する瞑想法のなかから，二次受傷予防に役立つ可能性があるマインドフルネスを紹介したい。

V　セルフケアとして身につけたいマインドフルネスとセルフ・コンパッション

1　チェックイン瞑想
⊙方法

①まずは，快適な姿勢を探してみましょう。目は開けていても，閉じていてもかまいません。数回，呼吸を感じてみましょう。そして，今の自分の状態をただ確認することだけに，時間を使ってみましょう。こうして，セルフケアのために時間を使っていることをねぎらいましょう。

②身体と心に意識を集中させて，思いや感情，身体の感覚をそのままにしておくことから，チェックイン瞑想を始めていきます。もしかすると，このチェックイン瞑想が今日初めての休憩かもしれません。多忙な「用事を済ませるモード」から，「ただ存在するモード」にシフトしていきましょう。

③今現在の，ご自分の身体の感覚で気づくところはあるでしょうか？　「肩が痛い」「腰が重い」など，気になる場所はあるでしょうか？　もしあれば，その場所に優しい好奇心をもって，呼吸を通してあげると少し楽になるかもしれません。

④次に，思考はいかがでしょう？　何か考え事が頭に浮かんできたりするでしょうか？　今日あった出来事が浮かんでくるかもしれません。

⑤最後に，感情について見ていきましょう。今の気分はいかがでしょうか？　今，こうしてありのままの自分を味わっていきます。

⑥お疲れ様でした。残りの1日も，穏やかに過ごせますように。
　　　（Stahl & Goldstein（2010/2013）を参考に作成）

2　セルフ・コンパッションを使った一休み
⊙方法

①楽な姿勢を探し，よろしければ，目を閉じていきましょう。

②最近あったストレスを感じている状況を思い浮かべてみてください。ストレスのなかでも，その強さを1から10までの段階で表現するとしたら，6以内くらいのものを選んでください。あまり大きな問題を最初から扱うことはやめておきましょう。

③その状況はどんな状況だったでしょうか？　誰が
　どんなことをいったでしょうか？　どんなことが
　起きていたでしょうか？　できるだけ詳しくはっ
　きりと，自分の頭のなかにその状況を描いてみて
　ください。

④その問題を思い浮かべていると，自分の体のなか
　にその時と同じような心地悪さや不快感が浮かん
　でくるかもしれません。それを感じながら，自分
　自身に次のような言葉をかけていきます。

⑤「今つらいと感じている」「ストレスを感じている」
　「つらい気持ちでいっぱいになっている」。このよ
　うに，つらい時の状態に気づいていくのがマイン
　ドフルネスです。

⑥次に，ストレスを感じる状況を思い浮かべながら，
　少し広い視点で今の状況をみつめてみましょう。
　実は，そういうストレスを感じているのは，自分
　だけではないということにも気づくかもしれませ
　ん。「人生には，ある程度の苦しみは誰にでもつ
　いてまわるものだ」。このように，私たちは共通
　の人間性を感じることもできます。「自分だけじゃ
　ない」「他の人も同じように，つらい体験をして
　いる」「人生には苦しいことも，時にはある」。

⑦次に，よろしければ両方の手の平を胸元やお腹な
　ど，触ると安心する場所においてみましょう。今，
　触ってみると，ご自分の手のぬくもりや温かさを
　感じられるでしょうか？

⑧そして，次の言葉を自分自身にかけていきましょ
　う。
　「自分自身に優しくできますように」
　「自分自身をありのまま受け入れられますように」
　「自分自身を許すことができますように」

⑨もし，上のような自分への言葉がけが難しいよう
　なら，「大切な友達があなたと同じ問題を抱えて
　いた」と想像してみましょう。アドバイスするの
　ではなく，優しく慰めようとする場合，あなたな
　らどんな言葉をかけてあげるでしょうか？

⑩その思い浮かべた言葉やメッセージを自分自身に
　贈りましょう。お疲れ様でした。
　　　　　　（Germer & Neff（2020）を参考に作成）

実践してみて，どんなことに気づいただろう
か？　この2つの瞑想を休憩の時などに実践する

だけで，自分自身についての気づきや思いやりが
少しずつ増していくことだろう。

　マインドフルネスの利点は，自動操縦モード（無
自覚にいつもの反応に陥ってしまうモード）から，
気づきを含んだ新しい対応にシフトできる点であ
る。いつも，気分転換をする時にはほぼ自動的
にスマートフォンでSNSを見ているのであれば，
今度はぜひスマートフォンから目を離して，この
瞑想を試してみてほしい。すると「疲労がたまっ
ている」「さっき聞いたあの話に反応して怒って
いる」など，自分の状態に早めに気づくことがで
きるはずである。そのうえで，「自分には今，本
当は何が必要であろうか？」というセルフ・コン
パッションの観点をもつようにしてほしい。

VI　おわりに──その他のセルフケア，そして スピリチュアリティ

　マインドフルネス以外の二次受傷対策として，
一般的に推奨されているセルフケアを以下に紹介
する（Stamm, 1999）。

・スーパーヴィジョンや打ち合わせなど，支援や援
　助の前後に時間を確保する
・研究と臨床のバランスを考える
・担当するケースのバランスをとる
・毎日のセルフケアを充実させる（例：ヨガを習う，
　昼食を必ず摂る，ストレッチや散歩をするなど）

　私の場合，マインドフルネスに加えてヨガ，キャ
ンプ，登山，温泉など，自然とつながり，そして
自分自身ともつながる方法をセルフケアに取り入
れた。この方法に取り組んでいたところ，スピ
リチュアリティの体験の仕方に変化が生じたよう
に思う。具体的には，以前よりも自分の深いとこ
ろにある「中心」を感じられるようになり，家族
や自分，他人に対して愛おしさや感謝の気持ちが
増し，自分は自然という大きな世界の一部なのだ
と思えるようになった。「心的外傷後成長（post-
traumatic growth）」と言ってもよいのかもしれ

ない。

　スピリチュアリティに関しては，トラウマ・セラピストを対象に行った海外の調査によれば，生活のなかでスピリチュアルな部分を拡充させることがトラウマ・セラピーで生じるさまざまな問題への対処に有用であったと，調査対象の44%が答えたという（Stamm, 1999）。その調査結果からも，自分を超えた自然とつながることや，自分の使命感・価値観などスピリチュアルな面を明確にしていくことが，トラウマ臨床で必要とされる強さやしなやかさを生み出す可能性が示唆される。

　メンタルヘルスの専門家にマインドフルネスを教えていて気づいたことがある。彼らは他人のケアは自然にできるのだが，自分自身のケアとなると困惑してしまうことが少なくないのだ。二次受傷や共感疲労を避けるためにも，自分への気づき・思いやりの視点を取り入れてみてほしい。二次受傷してしまうと，自分自身にもクライアントにもかなりの悪影響が出ることは避けられない。セラピストがセルフケアをしっかり行うことは，結果的にクライアントへのよりよいサービスの提供にもつながるのだ。

▶ 付記

ガイド瞑想の音源は以下より入手できる（https://mindfultherapy.jp/guidedmeditation/ ［2021年7月1日以降閲覧]）。

▶ 文献

American Psychiatric Association（2013）Diagnostic Criteria from DSM-5. American Psychiatric Publication（高橋三郎，大野裕 訳（2014）DSM-5 精神疾患の分類と診断の手引. 医学書院）

Figley CR（1999）Compassion fatigue : Toward a new understanding of the costs of caring. In : Stamm BH（Ed）Secondary Traumatic Stress : Self-Care Issues for Clinicians Researchers, & Educators. 2nd Edition. Sidran Press, pp.3-28.（小西聖子，金田ユリコ 訳（2003）二次的外傷性ストレス—臨床家研究者，教育者のためのセルフケアの問題. 誠信書房）

Germer C & Neff K（2020）Mindful Self-Compassion Teacher Guide 2020. Center for Mindful Self-Compassion.

Kabat-Zinn J（1994）Wherever You Go, Where You Are : Mindfulness Meditation in Everyday Life. Hyperion.（田中麻里 監訳（2012）マインドフルネスを始めたいあなたへ. 星和書店）

Neff K（2011）Self-Compassion : The Proven Power of Being Kind to Yourself. HarperCollins.（石村郁夫，樫村正美 訳（2014）セルフ・コンパッション—あるがままの自分を受け入れる. 金剛出版）

Raab K（2014）Mindfulness, self-compassion, and empathy among health care professionals : A review of the literature. Journal of Health Care Chaplaincy 20-3 ; 95-108.

Stahl B & Goldstein E（2010）A Mindfulness-Based Stress Reduction Workbook. New Harbinger Publications.（家接哲次 訳（2013）マインドフルネスストレス低減法ワークブック. 金剛出版）

Stamm BH（Ed）（1999）Secondary Traumatic Stress : Self-Care Issues for Clinicians Researchers, & Educators. 2nd Edition. Sidran Press.（小西聖子，金田ユリコ 訳（2003）二次的外傷性ストレス—臨床家研究者，教育者のためのセルフケアの問題. 誠信書房）

🗨 [特集] トラウマ／サバイバル

シラフでクレージーになるために
表現としての回復

倉田めば Meba Kurata

大阪ダルク／アーティスト

I　石と化す言葉——ペルソナから遠く離れて

　初めて，大勢の人の前で，薬物依存の当事者として自分の体験談を話した時のことを覚えている。そして長い間忘れてしまっていた。演壇で足が震えていた，声も震えていた。言葉がくぐもって出てこなかった。時計ばかり見ていた。

　慣れていなかったといえばそれまでだが，心の奥にしまっていた過去を体験談として語るというのはそんなものかもしれない。ところが，自分語りの機会が増え慣れていくにつれて，体験談は「体験談のコピー」に過ぎなくなる。やがて「体験談のコピーのコピー」へと不毛な反復が繰り返される。コピーのコピーのコピーのコピーの……反復地獄であるが，初めて聞く人には新鮮なはず。だがそこが落とし穴だった。

　体験談を同じ言葉と文脈で繰り返し語ることのリスクは，自分のなかの多種雑多なものを一括りにして，一つの側面を固定化して，それをペルソナとして塗り固めてしまうことにある。言葉は石と化す。

　はたしてペルソナから遠く離れていく術はあるのだろうか？

　そのことについて思い巡らすことは，私自身の

依存症からの回復の時間にもっと豊かな，縦横無尽な脱却像をイメージすることに他ならない。

　といっても体験は一つである。私の生であり記憶であり物語である。病院やカウンセラーの前で，自助グループのミーティングで，当事者としての体験を当事者以外の人前で語る場で，私の物語の何が取捨選択されていくかを顧みることは，塗り固められるペルソナの生成現場をあぶり出すことになるだろう。

II　ひどくない話

　薬物を使っていた時の，ひどい話ばかりしてると，症状が劇的でもなく鬱々とした日常も連綿としてあったことを忘れてしまう。命が100個あっても，200個あっても足りないようなことは，ほんの一握りなのである。

　私がそのことに気づいたのは，高校時代の友人に埋め合わせのステップをしに会いにいった時のことだった。

　私は友人たちに薬物ばかり教えた罪悪感でいっぱいだったが，一人の友人は，私からは確かに薬物に誘われたけど，普段はアングラ演劇や映画やロックの話ばかりしていて，ずいぶん友人も感化されて一緒に楽しい経験をしたというのだ。友人

たちは，いわゆるローカルなヤンキーばかりで，あまりそういった情報に接する機会がなかった人たちが多い。

そんなことなどすっかり忘れていて，ミーティングや，どこかに呼ばれて話をする時に，どん底自慢のような話ばかりをしていると，自分の良い面を見失ってしまうなと思うようになった。

むしろ，最近思い出そうとしているのは，薬物を使っていた頃の「ひどくない話」で，そういうものも体験としてはとても大切だと思うのだ。

でも，まあ，そんな話は退屈で誰も聞きたくないとも思うので，こっそりノートに走り書きしては，一人ほくそ笑んでいるだけなのだが。

私は仲間たちの「ひどくない話」を無性に聞きたい。

なぜなら「ひどくない話」はきっとその人にとって，クリーンな生活を送る際のひとつのストレングスに違いないから。

III　晴れやかさのために

薬物依存症から回復していくための方法として，12ステップという古典的なドグマがあって，セルフヘルプグループなどで使われている。そのなかでも，ステップ8，ステップ9というのは人間関係の埋め合わせについてのもので，迷惑をかけたり，傷つけた人のリストをステップ8でノートに書き，機会があれば直接その相手に会いにいくというのが，ステップ9である。

ステップ8＆9によって私は罪悪感から解放され，多くの人間関係を良好に取り戻したが，たったひとり，母との関係だけは自分の気持ちのなかで修復ができず，いつも目の前に重い霧がかかっているようだった。

薬物が止まっているだけで母は安心し，もう埋め合わせはできているのだとか，母の日にはカーネーションを送ったり，母の誕生日には電話をかけるなどして，一応埋め合わせの体裁は整えていた。しかし，そんな見せかけの埋め合わせなど，私にとっては薄っぺらなもので大した意味はな

かった。

心のなかのわだかまりは，傷つけたことと傷つけられたこととが，きちんとふるいにかけられていないことから生じている。特に自分のセクシュアリティを脅かすような，母の不適切な，10代の頃の私の境界への侵入について，母と面と向かい合って話す決心をした。

私のせいではなく，母のせいであることは，母に返す必要があった。

最終的には薬物を使ったのだから，そんな私が悪かったという安易な受け入れ方をしてしまうと，今でも私の心に影を投げかけている魔物から死ぬまで逃れられない。母も高齢になってきてそういった思いが募るばかりだった。私は意を決して，5月の雲一つない晴れた日に母に会いにいった。

前年の大晦日以来だ。その時は，母とわずかな時間いただけで解離状態になり，早々と大阪に逃げ帰ってきたのだった。

キッチンのテーブルに母と斜め90度に腰掛け，お寿司やフルーツやタルトを口に運びながら，彼女の他愛もない愚痴に短い返答を返す。緊張していた。本当に話せるのだろうか。92歳の老母にとっては酷すぎる話かもしれない。母の命を縮めるかもしれない。でも18歳の私にとって，それはどこまでも残酷で，よく死ななかったなあと思えることだったのだ。

だから聞いてよ，なぜ私が，今日まで話せなかったか。その時，どれほど怒り，痛かったか。薬物や自傷は心の傷をしばし忘れるためでしかなかった。聞いてよ。やるせなくなって全てを捨てたくなって家出したことを。

聞いている母の反応を一つひとつ，目で追いながら，私は冷静に話をした。

母は，あまりもう記憶にないと言いながら，私に謝ってきた。

「私は悪いことばかりしてきたからね」とポツリと言った。

ちょうど，18歳のその頃，母のキャビネット
に「死ね」と書かれた色紙が何者かによって置か
れていたそうだ。今も，どこかにあるはずだとい
う。「あなたが書いたとしか思われない」。私には，
記憶がない。でも弟たちのはずはないし，きっと
私が書いて，置いていったものだろう。

「いつか，私は殺されると思っていた」と母は
言った。

18歳の私の書いた「死ね」。

その色紙が見つかったら，私に返してください。
私のものだから。それは紛れもなく私だったから。
18歳の自分を心から褒めたい気持ちになった。

話し終わった後の私は，いつになく快活になっ
ていた。私が母との間に長年欲しかったものは，
これだった。

翳りのない，晴れやかさ。

それから間もなくして母は倒れた。

IV　2つの無秩序の結界としてのダルク

私の知らないところで，みんな結構悪さをして
いた。なんとなくそうだと思っていた。ダルクの
創始者，近藤恒夫さんが言っていた「ヤク中は1
つ良いことをしたら2つ悪いことをする」，この
言葉を肝に銘じておけば，ダルクのスタッフを
やっていても，ヒステリックに仲間をコントロー
ルしようとしないで済む。

ダルクに入所しながら，覚醒剤は使うわ，女性
としけこむわ，万引きはするわ……etc。ひとつ
の無秩序からもうひとつの無秩序へ，私は最初か
らそれがダルクだと思っている。

薬物という問題から離れていくのに，別の問題
を新たに作っていく。そういう人が最終的にク
リーンな生活を手に入れる。次々と新たな問題を
作り出してそれと直面する。私自身がずーっとそ
うだった。薬のことを考えている暇がないくらい，
今も。

クリーンになって，新たな過ちを犯せない人は，
薬物以外の過ちを犯せない人かもしれない。だか
ら薬物を再使用するしかないのだといえる。

少なくとも私が始めたばかりの大阪ダルクとい
うのは，そんな無秩序渦巻く回復的始原といった
感じのカオスの場だった。

薬物をやめるということは，かつて薬物をやる
ために，「捨て去った」世界と再びつながるとい
うことだ。世の人々は，無秩序な世界から秩序あ
る世界に戻ってきたのだと思うかもしれない。で
もそれは違う。薬物を使う無秩序な世界から，ク
リーンで無秩序な世界に移行することができるだ
けだ。しかしそれを許容する場は社会にはない。
だから，ダルクという結界のような場が，ヤク中
自身の手によって作られ存在する。

そんな時期があった。と今はもう過去形でしか
語ることができないのだとしたら，何かが間違っ
ている。

社会が関わり方を間違ってはいけない。

間違う自由を行使できるのは生身の私たち自身
だけなのだ。

V　傷がそこにあることを指し示すもの

薬物欲求は全く出てこないのに，リストカット
やアームカットをちょこっとやりたい衝動はあい
かわらずあってスカッとしたいんだろうなあ。そ
ういうことを言うと，昔から少し運動して汗かき
なさいとか言われるわけだけど，他のカタルシス
を得る方法では代用しがたいものがある。あ，やっ
てしまった，という裏切り感さえすごく求めてい
る。

誰を裏切るのか？　何を裏切るのか？　と考え
だすと，めんどうくさくなって余計切りたくなる
（1回だけやん，久しぶりだし）。

とりあえず思いとどまっているのは1回だけで
済むわけないから。

そもそも，回復とは表現であると思う。

私にとって，薬物や自傷に替わる表現である。

アディクションというのは，言葉にできない傷
を指し示す行為だ。アディクションという行為が
とまったからといって，傷を全て言葉にできるよ

うになったわけではない。言葉にできないまま，アディクションに替わって，傷がそこにあることを，感じさせる表現——パフォーマンス・アートと11年前に出会った。

アートでなければ，自然にコップからあふれ出てこないものがあった。アディクションのフィールドでの定義からはみ出すものや，慣用句では説明できないことをポエトリーリーディングで表現したり，言語化できないことを，アクション・ポエトリー（パフォーマンス）として表現してきた気がする。

身体をくぐり抜ける時，傷は古いも新しいもない。リストカットの血がそうであったように，パフォーマンス・アートという身体を用いた表現のなかで，物語から離脱し，壊れることで実感できる生がある。新たな回復がある。リストカットの傷がかさぶたになると，それを剝いで，ピンク色の傷跡の上から再び剃刀を当てたくなるのと同じように，アートというシーンで，私は傷口を開くと同時に手あてをするというカタルシスを繰り返している気もする。

いや，手当てをするためには，傷口が必要なのだ。そこは昔も今も変わらない。

VI　シラフでクレージーになろう

薬物依存症は「完治はしないけど回復をする病気」だとよく言われる。どんなに長くやめていても，二度と，薬物を使い始めて間もない頃のように，アルコールを飲み始めたばかりの頃のように，うまくコントロールをして薬物やアルコールを使うことはできないという意味である。

だが私はこの「完治はしない」という言葉にも

うひとつ，2番目の意味づけをしている。それは，どんなに長くやめていても，再発，再使用のスイッチが入ってしまうということ。ビギナーの頃には，再使用したらコントロールできなくなって，また精神病院や刑務所に行かねばならぬ，ということで歯止めが効くかもしれない。

だが，クリーンが10年，20年，30年と続くと，クリーンになって得た回復の時間，人間関係，仕事など全てを失う怖さから，もう薬物やアルコールは使えない，使いたくないという気持ちの方が大きくなってくる。

それにもかかわらず，薬物を再使用してしまう人もある。ということは，薬物を使ってしまう心の闇には，拭いがたい取り残され感と，何もかも放棄してしまいたい衝動とがあるのだろう。死と隣り合わせのこの残酷なスイッチは私のなかにも画然とある。

それに手を伸ばさないようにするには，シラフでクレージーになってみるしかない。薬を使わずに全てを放棄する勇気を持つしかない。

そのことを，もし「回復」と呼んだりしたら，正気を疑われるかもしれないが，それでもいい。

　　灯りを灯すと
　　思い出すから
　　闇の中でじっとしていよう
　　うずくまるでなく
　　椅子の上に静かに座って
　　闇を凝視していよう
　　夜の闇と心の闇が入れ替わるまで
　　記憶が一滴の黒い点になるまで

[特集] トラウマ／サバイバル

「私が"おれ"だった頃」
生き延びる希望

有元優歩 Yuho Arimoto

I　失われた記憶へ——ある「事件」

私には高校の頃の記憶がほとんどない。私服通学だったとか，クラスは縦割り編成だったとか，年間行事は○○があったとか。クラスや先生の名前や顔などはよく覚えている。元々の記憶力は良いほうだと思っている。だけど肝心なところが抜けてしまっている。クラスメートの名前や顔を覚えていても誰と親しくしていたのかとか，学校行事では，こんなエピソードがあったとか，そういうものを語れるほどの記憶が何一つない。私にとって高校は安全な場所であった。私は高校が好きだった。記憶はほとんどないのに，確信をもってこう言いきれるのは不思議なことのようにも感じる。

私は高校に通った最後の日，3年生の時に男性教諭を刺した。先生は私が2年生の時に学校に赴任した体育科の担当だった。私は昔から体育の授業が一番好きだった。劣等感を抱かずにいられたし，単純に身体を動かすのが好きだったから。私は先生が好きで，授業以外でも昼休みや放課後によく先生のところへ立ち寄っていた。先生はよく私の名前を呼んでくれた。先生は私のことを気にかけてくれていた。夏休みが明けてクラスの空気

は進路一色，そんな時期だった。壊したい，壊さなきゃ，やるなら徹底的に。近くに置いてあったハサミに目が留まり，先生はそこに立っていた。ハサミを右手に取り，勢いよく正面から振りかざすように突き刺した。その後，何度も何度も腹部を段打した。先生は私の名前を呼んだあと，落ち着けと静かに一言だけ。そのまま無言で仁王立ちしたまま微動だにしなかった。目が充血してまばたきをしない先生が怖かった。私はその恐怖を打ち消すために殴り続けていた。その後の記憶はない。

駆り立てられる。衝動。強い焦り。血液はドクドクと。身体全体が急激に熱を帯びる。その感覚に襲われると止まれない。何かのゴーサインなのか。合図とさえ感じていた。あの時，先生を怖いと感じていたけれど，本当はあの時の先生の姿そのものが私だったと今はわかる。

II　私は自分を"おれ"と呼んだ
——入院と衝動の日々

その出来事の後に，かかりつけの病院を受診した。主治医は入院治療をすすめたが年齢的な制約もあり，転院することになった。外来・入院とで10年近くお世話になった病院だったが，あっさ

りと切り捨てられたような，冷たい印象だけが強く残った。私の父は一人で即日入院を受け入れてくれる病院を探すのに苦労していた。数日後に決まった転院先のA病院の初診日，私は自分のことを"おれ"と呼んだ。

"おれ"は自身のことを男性と思い込んで暴力的な振る舞いをするようになった。"おれ"はルール違反や反社会的行動を起こすようになった。「学生時代の自分とはどんな人間ですか？」と聞かれたら，「真面目で明るい性格をしています」と答える，そんな自分が17歳からの数年間だけ全く別の人生を生きているかのように変わってしまった。あれは遅めの反抗期みたいなものだったのか。今こう振り返っても「暗黒時代」と一言で収めてしまいたい時期だ。

お風呂の順番が遅いとか，ケースワーカーとの面談時間に遅れるとか，そんな些細なことで強い苛立ちを感じるようになっていた。その怒りの処理がうまくできずに壁を拳で殴っていた。壁を殴る行為で"おれ"は落ち着くと感じていた。頻繁にやっていたから拳の骨はいつも潰れていた。痛みが感情麻痺を手伝っていたのだと今はわかるけど，あの頃は感情とかリアルはすごく遠くて，でもそれが急に目の前に来ると落ち着けるようにと反射的に身体が動いていた。

*

A病院では消灯前後の時間帯によく暴れていた。「やってやる！　やれ！　やるんだ！」。内側から駆り立てる強い衝動。呼吸が荒くなっていく……あれは焦り。血液はドクドク鳴る。身体中が熱くなる。"おれ"はそれがゴーサインだと認知すると，まず目の前にあるものを投げつけるか，蹴飛ばす。職員が"おれ"を制圧するための態勢に入るから，制圧しようとするその一番近くにいる職員に掴みかかり取っ組み合いとなる。"おれ"よりも身体の大きい，力が強い男性職員が相手で，死闘のような殺気立つ緊迫感でいっぱいになる。その興奮から冷める頃には，髪の毛もTシャツ

も尋常ではない汗でびしょびしょに濡れている。制圧している職員の体温がわかる時，少しの安心感があった。でも同時にもう二度と届かないような絶望感もあった。その感じに目の奥でクラクラと意識が遠くなるような，薬の効果なのか脱力していく頃，頭の中は空っぽになっていて……A病院の入院生活では，そんな騒動を繰り返していた。鎮静剤としての筋肉注射を日常的に使っていた。

入院中，3日連続で一睡もできない日が何度かあった。"おれ"は奇声をあげて異常なハイテンションが続いた。睡眠薬や安定剤は効かない。4日目の朝をむかえたその日中は，静脈注射で麻酔薬のようなものを投与された。血管に薬剤が入りきる前に意識がすーっと引いていくのがわかった。恐怖を上回る快感がそこにあって，10年以上たつ今でもあのリアルな快感を身体は覚えている。"おれ"はA病院での入院中に煙草を吸うようになった。病棟内の喫煙所でも院内の喫煙所でもよく煙草を吸っていた。A病院の職員は黙認していたし，"おれ"も隠れて吸うことはしなかった。喫煙所をひとつの居場所として喫煙は日課となっていた。

A病院ではいくつかの病棟を転々としたが，ほとんどの期間を閉鎖病棟で過ごした。そしてよく脱走をした。院内散歩へ1人で出るためには青バッジという許可証が必要だった。それをつけて職員に施錠扉の鍵を開けてもらう。青バッジは主治医から許可が出ると職員がホールのホワイトボードの近くに置いてくれる。簡易的な手作りのものだった。コップやシャンプーなど日用品には全て名前シールを貼って管理していた。青バッジに使われている名前シールと日用品に貼られた名前シールは同じものを使っていた。"おれ"はその名前シールで青バッジを偽装して何度か脱走を繰り返した。

病院を抜け出した時に血液がドクドクして……内側から激しい焦りのような……その迫ってくる何かが怖かった。それを感じないように目の前にある道を必死に走り続けていた。怖さが落ち着い

てくると自分がどこに居るのかわからなくなって
いた。コンビニで病院の名前を伝えても，遠くま
で走ってきたせいで伝わらない。帰り道がわから
ない。とにかく病院に行かないと困ると話すと，
お店の人は警察官を呼んだ。警察官がいろいろと
質問をしてくる。大体状況は明らかになってくる
が，歩いて帰れるような場所ではないことがほと
んどで，恐怖心から逃げていくにしてもその距離
に，周囲は驚いていた。財布や携帯などの貴重
品を持たずにタオルを一枚握り，身ひとつで県を
4つほど超えたこともある。移動手段が車だった
のか新幹線だったのかわからないし，誰かと一緒
だったのかもわからない。"おれ" はこの頃の "お
れ" をほとんど把握できなかった。

III　信頼関係の階段を，また一歩
──2回目の入院・開放病棟

　A病院では2年くらい治療を続けた。一度，退
院をして外来治療に切り替えたが，すぐに入院生
活へ戻った。"おれ" にとってA病院での生活は
不自由で窮屈な環境だった。だけど退院をして自
宅を基盤に父と生活をしていくことが，どうにも
できなかった。A病院での入院は安全だったし，
うまくやっていけるような気がした。"おれ" は
安全で安心できる場所を強く求めていたはずだっ
た。2回目の入院では開放病棟で生活するように
なった。
　開放病棟は静かで日当たりが良く，落ち着いた
雰囲気だった。職員もきびきびした感じはあまり
なくて，穏やかな印象が強かった。"おれ" にとっ
てそんな開放病棟はひどく居心地が悪かった。し
かし自由度の高い生活は不安だ。「お風呂の使え
る時間帯はこの時間帯です，好きな時に入ってく
ださいね」と言われればパニックになる。これま
では，呼ばれたら行き15分で済ませていた。ど
うぞご自由にというスタイルは "おれ" にプレッ
シャーを感じさせた。あなたには，それができま
すよね，という言葉にされない，見えるようには
映らない期待というのか……とにかく強度の強い

プレッシャーを感じていた。"おれ" にそれがで
きると思っているの？　そのレベルの自由が生き
られないほどのプレッシャーを感じていた。

＊

　"おれ" は信頼関係を自分よりもすごく高いと
ころにあるものと思っていた。あなたを信じる，
だからあなたと同じ位置で対話ができるよう，"お
れ" は階段をひとつ昇る。そうやってあなたと少
しずつ距離を縮めて信頼関係を深めていく。信頼
関係を築くために "おれ" はその高いところを目
指して昇っていくイメージだった。高い場所を目
指すのは，高い場所での関係は美しくて安楽なも
のだから。人間はみんな，そこで暮らしている，
そんなふうに思っていた。でも "おれ" はみんな
と別世界に居て，自分が望めばそこへ行けるのか
なと期待しているけど，まだそこへは行ったこと
がないと感じていた。自分も本当にそこへ辿り着
けるのか確信を持てずにいた。"おれ" はどんな
に望んでも努力をしてもそこへは立ち入れないの
ではないかと思っていた。そこへ行けるかもしれ
ないと信じさせるのが罠で，高い場所を目指す途
中で一気にその階段は崩れさり，振り落とされて
しまうんだ。そういえば，信頼関係はいつもそう
一方的に断絶されてきた。そう思うとその階段を
昇れば昇るほど自分へのダメージが大きく，"お
れ" はそんな階段は昇るなと自分を制していた。
開放病棟で生活をするためルールを守り，周囲と
同調して穏やかに時間を過ごすことで，信頼関係
という階段をまた一段と昇っていく。けれど "お
れ" は，急に一気に崩れ去るだろう階段が怖くて
しかたなかった。だから階段を昇るたびに「お前
は馬鹿なのか！　馬鹿野郎め！」と自分を責めた。
開放病棟での "おれ" は，この階段を昇る自分と
の戦いが日課だった。
　この階段を昇ろうという意識が働いていたの
は，Kという職員との出会いがきっかけだ。Kは
40代くらいの女性職員だった。ここらでは聞き
慣れない京都の方言を使っていた。おっとりした

優しい雰囲気の人だった。Kには，"おれ"と同じ年くらいの娘さんがいると話していた。"おれ"はその年代の女性は全体的に苦手だったし嫌いだった。

だけどKに対してはいつもの拒絶反応がなかった。あっという間にKに惹き込まれていたことが不思議だった。Kが好きだったしKと話す時間が楽しかった。"おれ"はKと一緒に過ごす時間を楽しみにしていた。そしてKと離れている間はずっと自分と戦っていた。周りは"おれ"が落ち着きを取り戻したと思っていたのだろうか……苦しさを伝えることもできず，主治医はそれを察知することもなかった。

IV　理由なき衝動，ふたたび──閉鎖病棟の日々

その頃，主治医はある本を勧めてきた。自閉症（アスペルガー症候群）という診断をうけた本人が執筆したトリセツ本のようなものだった。A病院では統合失調症，パーソナリティ障害や発達障害と仮診断をもろもろに受けた。本を読んでみたけど，何となくわかるような気もするし，でもいまいちピンと来ない。ただ漠然とあぁ，"おれ"はアスペルガーってことなのね，と解釈をした。その後も"おれ"は自分との戦いが日に日に息苦しさを増し，部屋から動けない時間も増えた。その息苦しさは，喉の奥が詰まっている感じで，じんわりと，でも強く締め付けられているような感覚。その圧迫で身体の力が抜けていく。身体中の体温を奪われていく。体温を奪われて消耗していくような地味な辛さ。こういう地味な辛さというのは麻痺しやすい。

一方でKとの時間は本当に楽しかったが，その時間には限りがあった。"おれ"はKとの時間が，これからもずっと楽しいものだと信じることができなかった。その日はどうしてもKと離れることができず，Kは少し困ったような顔を見せ，「また来るね。またたくさんお話ししましょうね」とKを掴んでいた"おれ"の両手を引き離し，そう言った。

"おれ"はその日の夜，お風呂場の前にかかっているのれんにライターで火をつけた。目の前に垂れ下がったのれんは燃えそうだ，ライターで火をつけやすいぞと思った。そう思った次の瞬間，のれんの裾部分から横と上へ一気に火は広がった。"おれ"はあわてて自分の病室に戻った。血液がドクドク鳴っているのがわかった。あの火の広がりを何度も頭のなかで再生した。胸のつかえがとれて息苦しさから解放された。自動のスプリンクラーが作動して，静かだった病棟内は騒然とした。病棟が封鎖され，みんなで隣の病棟へ避難した。"おれ"は近くにいた職員にライターを渡し，「"おれ"がのれんに火をつけた」とあっさり堂々と言った。数時間後にみんなは元の病棟に戻ったけど，"おれ"はそのまま隣の病棟の保護室に入ることとなった。その時「ここが一番"おれ"らしい。"おれ"にはここが一番似合う」と思っていた。閉ざされたその部屋が一番，安全で落ち着くと感じていた。その後はまた閉鎖病棟で生活をした。"おれ"はこうして，楽しかった時間，Kとの関係を断ち切った。

閉鎖病棟で生活を続けるなかで，また頭を使って病棟内にライターを持ち込むようになった。床頭台のなかにこっそりと置かれたライターを眺めると優越感を味わうことができて，心を落ち着かせて生活をすることができた。

消灯前の静かな時間だった。トイレのなかでふとトイレットペーパーに目が留まったとき，これは燃えそうだなと思った。そう思った次に，身体中の血液が激しくドクドクと鳴ってきて内側からくる「やれ！　やってやる‼　やるんだ！」という衝動に駆り立てられた。"おれ"はすぐに隠し持っていたライターを手に取りトイレへ戻った。トイレットペーパーにライターで火をつけた。火が上に登っていくのを見た後すぐにその場から立ち去った。その後すぐに火は消えたようだけど，燃えた形跡を見つけた職員が"おれ"のところへ来た。

大部屋から保護室に移り，警察官が話を何日も

聞きに来ていた。現場検証をするための写真も撮った。警察官が「あなたがやったのですか？」と聞いたので、「"おれ"が火をつけました」と答えた。「なぜ火をつけたの？」と聞かれたので、「これは燃えそうだなと思い立ったので、火をつけてやらないと、と思い火をつけました」と答えた。保護室に戻る時、職員に「"おれ"は刑務所に行くの？」と聞いた。職員は「どうだろうね、警察官に聞いてごらん」と言った。警察官は"おれ"を刑務所に入れるためにいろいろと話を聞きに来ているんだろうけど、刑務所に入るかどうかは警察官にもわからないんだろうな、と思ったからその質問をすることはなかった。刑務所に行きたいかというと決してそう思っていたわけじゃないけど、"おれ"は刑務所行きを拒否されるほど狂っていると認定されることを恐れていた。不安で仕方なかった。警察官に聞かれた、「なぜ火をつけたのか？」という質問への答えが、まともじゃないことは気づいてる。だけどそれ以上でもそれ以下でも他の理由はなかったし、わからなかった。

V　また生き残ってしまった絶望
——強制退院の後で

それからしばらくして、"おれ"は刑務所へ行くこともなく保護室から強制退院となった。A病院との関係はこうやって終わりを迎えた。退院後は自宅で生活をしていた。その日、父が寝た後に家を抜け出した。深夜2時頃で外は真っ暗。季節は冬だったけど寒さは感じなかった。バイパス道路がある大きな道まで歩いた。バイパス道路の出口がある歩道橋を昇って、そこから飛び降りた。車に轢かれて死ねると思った。飛び降りる時に、死んでも母や妹には会えない気がした。それがすごく悲しかった。でも死ぬんだしそんなことはどうでもいいやと思った。手すりの部分を乗り越え、ぽん、と飛んだ。腰のあたりに激痛があって、仰向けに倒れたまま、痛い痛いと呻いた。よく覚えていないけど、車には轢かれず救急車で大きな病院に連れて行かれた。ああ、やっぱり母と妹には

会えなかったし、また生き残ってしまったと絶望した。

病院に呼ばれた父は面倒臭そうに呆れた顔で「なにやってんだよ」と不機嫌に言った。その言葉に、また死ねなかった自分を強く責めた。この自殺未遂をきっかけに、数日後また県内の精神科病院に入院をした。怪我が回復した頃にH病院に転院し、半年くらい閉鎖病棟で生活をした。ここの病院でもいろいろと問題は起こしながら生活をしたけど、退院するまでのほとんどの時間を保護室で過ごしていたと思う。退院を機に自宅から通える範囲の病院に転院することになり、K病院と繋がった。K病院では日中活動としてデイケアに通ったりA病院時代に繋げてもらった生活支援センターに通ったりしながら自宅で生活をした。"おれ"は日中活動の場で問題を起こしたりすることはほとんどなかった……と思っている。でもこの頃には夜間の家出がかなり頻発していた。自分の意志とは関係なく、ふわーっと家を抜け出してしまっていた。

その間に繋がりを持つようになった人たちを介して、その後、覚醒剤と出会っていく。今は、ここまでしか書けない。

VI　"わたし"として生きる、ということ

"おれ"は現在、"わたし"として生きている。
"おれ"が生きた10代後半は、暴力や非行というカタチで自分自身を必死に守っていたんだと思う。そういう生き方でしか自分を守れなかったことが本当に悔しい。だけど今、"わたし"は病院をはじめ支援者にとても恵まれていると感じている。周りに支えられながら自分にできることを日々、模索して一生懸命に生きている。そんな自分を好きだと思えるようになってきた。

自分の過去や体験が与えた、"わたし"自身の生きにくさや不具合は、これからも続いていくと思う。だけど"わたし"は今、これからもまだ何とか生き延びることができそうだという希望を持っている。

[特集] トラウマ／サバイバル

「その後の不自由」の "その後" を生きる

すぐれたスタッフになった彼女のストーリー

上岡陽江 Harue Kamioka
ダルク女性ハウス

カレン Karen

I　20年間閉じていられるチカラ（カレン）

なぜいま, 自分の体験を言葉にしようとしたか。実はいまというより, 何度か過去に機会があったけれど, いろいろな事情で流れて活字にならなかったという方が正しい。

わたしはいま, 依存症の女性たちが集まる回復施設でスタッフをしている。通所施設にはミーティングを中心にする場と, 軽作業を中心とする場がある。わたしは後者で働いているが, これまでのインタビューを原稿にするために, 上岡さんと何度か打ち合わせ, そして追加のインタビューもおこなった。フラッシュバックしながら, 作業でやっているミシンをかけながら, 時には頭がおかしくなりそうになって, まとめたものだ。

2019年に未成年を誘拐するという事件がいくつか大きなニュースになった。わたしと同じだ, と思った。逃げれなくて目が覚めて, あー良かった夢だったと飛び起きる毎日だった。同じ頃カウンセラーと, いままで封印してきたことを言葉にすることを始めた。やりとりのなかで,「家出をして, 悪い男につかまった」というフレーズがピッタリと自分に重なった。

わたしが働く施設では, 多くの利用者が暴力のサバイバーだ。わたしは長く自助グループにも参加しているが, そこでも女性の依存症者から家族や学校の中で起こった, たくさんの暴力被害の話を聞いている。わたしの家には, 暴力も, 経済的な問題と言われるようなことはなかった。だから自分に起こったことは軟禁 "事件" で, みんなのように大変なことではないと思っていた。

男のところから逃げて家に戻ったが, 日々, 覚醒剤を使うわたしを心配した母親が, 精神保健福祉センターを通じて知ったのが, 上岡さんたちの運営しているフリッカ（ダルク女性ハウスの通所施設）だった。あれから20年が過ぎて, 自分はいまスタッフとしてそこで働いている。この20年間, 自分がどんな工夫をしながら生き延びてきたんだろうと, 上岡さんといっしょに振り返ってみた。

• 言ったことは10日のあいだは「クーリングオフ」が可能——とにかくYesとしか言えない自分だった。話してしまったことも, 一度Yesと言ってしまったことも10日はなかったことにできる（全部決めてほしかった, 本当は）。でも自分はこうしたいけどどう思うか聞くとか, 何度も練習をした。

- 上岡さんとは人を挟まないで必ず直接話をする。
- 施設で働くようになっても，「別の場所」をもつようにする——それまでやっていたインストラクターの仕事も続けることにした。働く場所以外のところがいくつか必要だと，周囲から言われていた。
- 自分の思っていることや考えていることを話す練習をする。
- 自分で決められないことは夫に決めてもらう——はじめの頃，わたしは150円のお菓子一つ買うことも決められなかった。散々迷って疲れ果ててしまってから，夫に決めさせて，まずかったら，「あんた趣味悪いね」と彼のせいにする練習をした。意外に楽になるところがあった（上岡さんに教わった）。
- 逃避すること——今はミシンで施設の商品を作ること，あるいは死ぬほど掃除すること。
- クリニックには月に1回くらい通っている。ずっと同じ主治医。仕事を始める時，仕事の日数や時間，引っ越しのこと，とにかく生活の中で大事な決定は必ず相談してきた。無理なく生活できるようにしたかったけれど，自分の調子が自分でわからなかった。でも先生が「少し休んだら？」とか，「眠れて食べられていれば大丈夫」とか言ってくれて安心した。
- 心理士と面接をする——臨床心理士の面接には3年くらい通い，5年くらい行かない時期もあった。最初は旦那の話ばかりしていて，いつも女性のわたしを応援してくれた。この5年くらいは仕事での自信のなさや劣等感の話，子どもの話，対人の相談などをしている。通いはじめの頃，スタッフの心理士によるアートセラピーのプログラムがあって，すごく嫌だった。断れないので，指示通り画用紙に描いていた。最近施設の引っ越しのおかげで，久しぶりに保管していたその絵を見ることになった。人物の絵がなかなか描けなかった。
- 男性に対する怒りがわかるようになる——はじめは怒りがわからなかった。でも男性に対する怒りがわかるようになると，夫に怒ってるわけじゃないのに，夫に怒りが向くようになってしまった。そのときは夫がもう一つ部屋を借りるようにして工夫した。お互いの怒りをぶつけ合わないように，依存症の夫婦が壊れないようにするには，いろんな試行錯誤が必要だった。

軟禁されていたあと，薬物を使うようになって，わたしは自由になれたと思っていた。でも，それは本当の自由ではなかった。その後，自分で物事を決められることが自由であると気づくようになった。だからわたしは，スタッフとしてメンバーたちと付き合うときに，彼女たちが決定できるまで長い時間をかけて，そして何度でも寄り添うことを大切にしている。

＊

これまでにインタビューは3回受けている。1回目は，依存症の母親たちとの定期的な勉強会の後。2回目は，ダルク女性ハウスが設立から30周年をむかえるので，その取材にずっと来ていた共同通信社の多比良孝司さんによるインタビューを，仲間2人と受けた。そして3回目は，東京大学先端科学技術研究センターの熊谷晋一郎さんの研究室で行われた。とても長いものになったので，ここでは3回目のインタビューの一部を編集して紹介する。

II　インタビュー（上岡陽江・熊谷晋一郎・カレン）

1　「不良になるのに一生懸命だった」——家族からの離反

熊谷　カレンさんは，小中学校くらいまでは真面目に過ごしていて，「いい子にしなきゃ」というプレッシャーが強かったんですよね。改めて，子どもの頃のことを教えていただけますか？

カレン　小学3年生の頃，転校がきっかけでいじめられたのですが，心配をかけたくなくて親には

話せませんでした。火遊びをして公園でボヤ騒ぎになったことも話せなかったし，悪いことは隠れてしていました。でも，長女ということもあって，「あなたはがんばればできる」と言われていて，親の期待が重かったですね。親の期待に応えられないという気持ちと期待に応えたいという気持ちで，いつも葛藤していました。

　高校には入学したものの，そのあと水商売を始めてからは，彼氏がすぐに変わったり男の人の家に泊まったりを繰り返していました。男の人には「No」が言えなかったし，求められたら応じなきゃいけないと思って，男の人とはよく「そういうこと」をしていました。水商売の店で出会った40歳の彼は，25くらい歳の差があって大人に見えたし，私を大人の女として見てくれたし，自分の弱みを見せてくるのも刺激的だった。でも，彼は奥さんに暴力を振るっていて，私も「俺に歯向かうな」と言われていたし，彼に気に入られなきゃって思っていました。

上岡　そこまで男の人に尽くさなきゃいけないと思ったのはどうして？

カレン　自分の体が大事だとは思えなかったし，減るもんじゃないし，とも思っていたからかな。男の人って体を求めて近づいてくると思っていたし……

上岡　その頃，恐喝なんかもしていたんだよね？

カレン　うん，あれは14～15の頃かな。親が厳しくてお小遣いをもらえなかったから，万引きや恐喝をしてディスコに行く服を買っていた。買い物帰りの子を見つけると，悪いなと思いつつ，「残りのお金ちょうだい」って声をかけて……とにかく悪い自分でいることに一生懸命だった。

上岡　でも，全体としては「堕ちていく」わけじゃない？　追い込まれていく感じもあったの？

カレン　親に申し訳ないとは思っていたよ。それに自分はやればできるとは思っていたし，目標にしていた高校もあったから，親の期待に応えられないことがずっと苦しかった。表立って反抗することはなかったけれど，親の前では自分の気持ち

をきちんと話せない雰囲気だったな。

2　奇妙な軟禁生活とギャングファミリーの誘惑

上岡　その後，いろいろなことで追い込まれて学校でも家でも居場所を失っていくよね。カレンさんが付き合うことになった飲食店の店主の彼には，妻子がいて，その家族と同じ家で一緒に暮らすようになったんだよね。

カレン　最初は一緒にドライブに出かけたりホテルに行ったりして，デート中にお小遣いもくれるから「これはいいな」と思っていた。ある日，ちょっと遊びに行っただけのつもりだったのに，なぜか奥さんと子どもがいる彼の家に行くことになって，そのまま帰れなくなったんです。それから，飲食店で仕事をして，仕事が終わったら車で飲みに連れて行かれる生活が始まりました。彼はアルコール依存気味でずっとお酒を飲んでいて，私もよく付き合わされました。店のスタッフに彼女ができると嫉妬して，「俺のところに連れてこい」って命令して，とにかく自分のテリトリーに囲い込んで，すべて取り込もうとする人でした。

上岡　仕事も遊びも毎日一緒で，ギャングのファミリーそのものだよね。妻も子もスタッフも暴力で支配していた彼は，カレンさんのことも軟禁していた……

カレン　そうですね。家ではセックスもしていたから，それに気づいた子どもは自分の父親にも私にも怒っていました。結局その家にはいられなくなって，近くに家を借りて住むようになったことで，いよいよ自分の家に帰れなくなりました。彼が不満に思わないように，毎日とにかく精一杯うれしそうな顔をしていました。しばらくするとその家にも毎日奥さんが来るようになって……奥さんも監視下に置きたいから私の部屋に呼ぶんですね。彼はみんなに自分のそばにいてほしい人だったんですよ。

上岡　ファミリーだと思えばそれも納得だね。彼が部屋を出て行っても，やっぱり逃げられなかったの？

カレン　うーん，そうだね……自分の親に何かさ
れるんじゃないか不安だったし，ただでさえ弱い
父親に彼がたたみかけたら，きっと負けちゃうだ
ろうなって。ビクビクしている父親の姿は絶対に
見たくなかった。真面目一筋で，ギャングの世界
なんて知らなくて，両親は本当に弱い人たちだか
ら。

上岡　実家に暴力的な雰囲気はなかったの？

カレン　それは全然ない（笑）。あの頃は暴力的
なことが「強い」ことだと思っていたから，弱い
両親のことが本当に嫌だった。ロボットみたいに
感情も表情もない，楽しみもないし怒ることもな
くて，あんなふうになりたくないとしか思えな
かった。親からは子ども扱いをされていたから，
180度違うギャングがすごくいいものに見えてい
たのかな。

熊谷　軟禁生活の状況について，もう少し詳しく
伺ってもいいですか？

カレン　店主の彼はアルコール依存で嫉妬妄想も
強くて，奥さんとの浮気を疑われた従業員がいき
なり殴られたりして，嫉妬から怒りが湧いてきて
いるみたいでした。結局，ずっと監視されている
生活は6〜7年間ほど続きました。

熊谷　以前，奥さんとは「連帯」していたという
お話もありましたよね。

カレン　奥さんは2度目の結婚で，前の夫との娘
は私と同じくらいの年齢でした。娘と同年代の私
が家に来て，前の結婚生活の繰り返しのように
思ったみたいだし，若い女が家に来たことへの怒
りもあったと思います。お風呂も食事も一緒，飲
みに行くのも一緒で，それに毎日付き合わされて，
ちょっと気に入らなければ暴力を振るわれて，そ
のうえ嫉妬もされて……その後，奥さんなりに夫
の大変さに気づいたみたいです。私は私で，彼女
としかこの苦しみは分かり合えなくて，彼女とは
そういう奇妙な関係でした。それに，奥さんが暴
力を振るわれているときに助けられなかった罪悪
感は今でも残っています……

　殴られても耐えられるように，いろんなものに

ぶつかったりして心の準備をしていたけど，結局
は従うのが一番だと思っていました。「お前は俺
の人形だ」って言われたり，こみあげるような怒
りもぶつけられて，それをなんとか消そうと自分
をコントロールしていました。この家からはもう
逃げられないし，元の家にも帰れない，だったら
ここで自分の生きがいを見つけるしかない……毎
日そんなことを考えていましたね。

熊谷　一日の暮らしはどのようなものでしたか？

カレン　自由にできるお金もないし，お腹は空く
し，眠りたいけど睡眠は取れない，でも飲食店の
仕事を手伝っていたから毎日忙しかったですね。
同年代の人たちが青春時代を送っているのに，自
分は流行もわからなくて恥ずかしかったし，友達
にも会わせてもらえなかった。この家に中学時代
の友達を呼んだことがあって，私のことは死んだ
と思ってほしいと書いた手紙を親に渡すように頼
んだこともありました。それに，飲み屋に行った
ら，出入りの警察官が助けてくれないかなって考
えていました。

　なかでも一番大変だったのは，彼とセックスを
しなきゃいけなかったことです。数えるのも嫌に
なるくらい妊娠をして，そのたびに中絶していま
した。妊娠している間だけは彼が優しくしてくれ
てうれしかったけど，彼は別の女の人を連れ込ん
でセックスをしていて……

上岡　そういうときは，自分が相手をしなくても
いいから少しは安心できたりするの？

カレン　いや，それはなかったかな。だって気持
ち悪いじゃない？　飲食店のそばには子どもの施
設があって，彼はそこに通っている高校生にも声
をかけてセックスをして，彼女が妊娠していない
か病院で確認してこいって言われて……

上岡　セックスしたあとのことは知らないって言
い張りそうなのに，彼のそういうところは不思議
だよね。家族に連絡できなくなるくらい追い込ま
れても，彼には魅力的な部分があったの？

カレン　彼はね，最初に弱みを見せてくるんです
よ。自分はダメな人間だって言ったり，泣きなが

ら死にたいと言ったり……親からそんな話を聞いたことなんてないから，それが魅力的に見えて，うれしいというか……私にとっては大きな経験でした。

熊谷　大人扱いされるというのは「蜜の味」ですよね。カレンさんはカースト上位の人に見初められたわけですから，ギャングカルチャーの秩序のなかで一目置かれるコースに入ったとも言えるわけですね。

3　支配からの逃走──自由から不自由へ

上岡　じゃあ次は，軟禁状態を抜け出すときの話を聞かせてもらえる？

カレン　彼はものすごい借金を背負っていて，自分が死んで保険金を当てないと返済できなくなっていたみたい。いつも，どうやったら死ねるかを考えていて，どこからか調達してきた部品を組み立ててピストルを作らせて，どの角度で頭に打ち込めばいいのかという話も聞かされていた。彼は時々，急に店を閉めて従業員と旅行に行くことがあって，どうやら死に場所を探していたらしいんです。あるとき道具をそろえてタクシーに乗って出かけることになって，私は死にたい気持ちを達成してほしいと思うようにもなっていて，でも，どんな言葉をかけたらいいかわからず，そのときは「頑張ってね」と声をかけて送り出しました。自分のせいで死んだら怖いなとか，自分がこの家にいなかったら違ったのかもしれないなと考えていたけど，結局そのときは生きて戻ってきた。

　ちょうどその頃，彼は元ヤクザの男と飲み屋で知り合って，ピストルの弾を頼んでいたりしているうち，別の部屋にかくまうようになっていたんです。私はその元ヤクザの彼ともセックスをしていて……全然好きでもないし，見つかったら殺されるのに，男女の関係になると変な力が働いて，だんだん彼といるのが楽しくなっていた。その後，元ヤクザの彼は家を出て行ったけど，飲食店のみんなが旅行に行くたびに，お店のお金を盗んでこっそり渡していました。たぶん，クスリ代

になったんじゃないかなぁ。都合よく利用されていることはわかっていたけど，「自分のところに来れば？」って言ってくれて，それが脱出のきっかけになった。結局，男ができないと動けなかったんだけど，自分にとっては大きなチャンスだと思って，12月23日に家を出ることに決めました。

　気持ちが固まってからの行動は早かったと思う。12月23日の夜中，飲食店の彼に睡眠薬を溶かしたお酒を飲ませた隙に，急いでカバンに荷物を詰め込んで家を飛び出しました。持っていきたかったのは，ずっと大事にしていたアルバムだけでした。

上岡　そのアルバム，ダルク女性ハウスに来てから一緒に燃やしたよね。

カレン　うん，そうだったね。飲食店の男の家に住んでいたときのアルバムだったけど，なぜか大事なものだと思ったんだよね。震える足でタクシーに乗って，元ヤクザの彼の許に向かいました。自由になれた興奮からか，地面に足がついている気がしなくて，ずっと震えがとまらなかったことを覚えています。

　そのあと父親に，飲食店の彼の家を出ることになったからお金を貸してほしいって頼み込んで，それで生活をしていました。ただその生活費も元ヤクザの男のクスリ代に消えて，住むところがなくなって，水商売の店の寮に住むことになった。

　飲食店の彼のほうは，私の妹の家に貼り紙をしたり（妹から来た手紙で住所がわかっていたらしい），従業員に私を尾行させたり，親にも連絡が入ったりして，私はノイローゼみたいになっていた。親を交えて一度話そうということになったけど，私は弱い父親を見たくなくて，父親の知り合いの警察官に近くにいてもらって，私と父親と飲食店の彼とで話をしました。彼から「本当に家に戻らなくていいんだな」と言われて，私は泣きながらだったけど「もう戻らない」とようやく言えて……父親は「あのとき，よく言えたな」と言ってくれたし，話し合いの場に父親が付き合ってくれたことが本当にうれしかった。最後に救ってく

れたのは父だったんです。

その父も数年前に亡くなりました。でも，「あのときはありがとう」という気持ちで送ることができた。本当はもっと早く「助けて」って言えていればよかったんだけど……

上岡　助けてほしいって言えないのは，ハウスのメンバーみんなに起きていることだよね。ただ，実はカレンさんのご両親はその後もフォローしてくれて，だから今のカレンさんがあるんだよね。で，そのあとカレンさんは薬物を使うようになって，ハウスにつながるわけだけど……

カレン　その後，飲食店の彼は自分の子どもの前で自殺しちゃうんだよね。あれは地下鉄サリン事件の翌日だったからよく覚えてる。もともと彼は大きな事件が起きたら自殺をすると言っていて，従業員からの連絡で自殺のことを知りました。

上岡　それは，カレンさんが家を出てからどのくらいの頃？

カレン　たしか3カ月後くらいかな。

上岡　彼が亡くなってどう思った？

カレン　ショック……ではなかったかな。「ああ，本当に死んだんだ」って。日々のことで忙しかったし，もう彼のことやあの頃の生活のことは考えなくなっていた。でも，奥さんや子どもがどうなったのかは気になっていたかな。元ヤクザの男も薬物のことで刑務所に行くことになって，「みんながそんなにのめりこむ薬物ってどんなものだろう？」って，興味本位で薬物を使うようになっていきました。

あの頃，クレジットカード詐欺が流行っていて，困っている人が見えないから，盗んだカードを3万円くらいで転売して稼いでいて，それが楽しくなっていた。やっと自由を手に入れたという気持ちにもなったし。それからは薬物を使いながら，また別の男と引きこもる日々を送るようになって，最後は私も捕まってしまって……

上岡　せっかく男の家から逃げて自由になれたのに，どんどん犯罪の道に進んでいくわけだよね。それを自分ではどう思っていたの？

カレン　あの頃は，とにかく自由が楽しくて仕方なかった。それまで社会にふれていないし，そもそも同世代の子にもふれていないのが恥ずかしくて，もう普通の社会には戻れないって思っていたから。きっと私はおかしいと思われるだろうし，かといってどうしたらいいかもわからなかった。社会の周縁にいたほうが私としては楽だったんだよね。軟禁生活から逃れてからは，あっという間の3年間だったな。それからハウスにつながるのはそのあとの話——

Ⅲ　「その後の不自由」の"その後"を生きること（上岡陽江）

暴力の被害や事件はいつも個人のこととして，その当事者や家族だけが長い経過のなかで苦しみます。この「その後の不自由」，つまり「見えない障害のようなものを背負わされて生きて行く長い時間」を社会に照射する方法はないのかと，これまでずっと考えてきました。

熊谷晋一郎さんが，障害は私たち（障害者）の内側にあるのではなく，外側（社会）にあるのだと，障害者運動の先達たちの活動から述べています。実は，カレンさんの体験やその後の苦しみも本人の内側に隠れていることが多く見えづらいものです。しかしそのなかで懸命に生きる姿をずっと見てきた私としては，これからさまざまな被害の後を生きていくのに，まだ長く苦しい経過を辿ることになるとわかると気持ちが辛くなると思うし，今はもう目の前に加害者がいない日常は，その後も説明がつきにくい複雑で思うようにならないものだと感じています。もしだれかと分かち合う機会がなければ，彼女たちが何時間も掃除を続けながら危険を回避しているなんて，わかるはずがありません。

3回のインタビューのうち，2回に熊谷晋一郎さんが同席してくれました。ダルク女性ハウスでは長い間，依存症のお母さんたちの会を実施してきたのですが，10年ほど前から小児科医でもある熊谷さんが加わってくれました。今回，熊谷さ

んにインタビューに入ってもらうことで，カレンさんのような人が生きのびる困難さが，違う面から見えるのではないかと思ったのです。

　私は1995年から2019年まで，都内にある「さいとうクリニック」（理事長＝斎藤学）で依存症の女性グループのファシリテーションをしてきました。『その後の不自由』（上岡・大嶋，2010）のなかに「自傷からグチへ」という章があるのですが，その元になる話し合いを2年ほど続けてきたのがこのグループです。同じメンバーが――休みながらの人もいましたが――ずっと通い続けていたのです。DVから逃げたばかりの状態から，なんとか社会のなかで暮らせるようになるまで，あるいは解離性人格のメチャメチャなときから，少し疲れを感じ始めるまで，いろいろな時期の人がいました。毎回15人ほどが参加する大きなグループでしたが，自分に起きたことに対して自分には責任がないと思えるようになるまでに時間がかかるし，そんなことを考えたりするだけで，半年も寝込むことが起こります。

　そのなかに10代の頃から付き合っている人がいるのですが，彼女がこんなふうに言いました。

　「私，患者のまま終わるのかって思ってた。できることってこんなにたくさんあるんだね。今までどこか無力感が取れなかったんだよ，ミーティングで」

　虐待の通報をする以外にもっと効果的なものはないのか，デモとか，オンライン上でできることなど，一人ひとりが，2週間かけて具体的に考えていた時でした。私なりに，当事者研究という方法で自分たちの問題というものを社会化してきた

けれど，それをトラウマのグループの中で実現するのには時間がかかってしまいました。

　カレンさんの変化は今も続いています。彼女の親は感情を表さない人たちで，いつも自分はちゃんとしていなくてはいけないと思ってきたそうです。けれど，ダルク女性ハウスで行っている子どもプログラムでは，無条件で子どもたちを可愛いと言ってくれます。カレンさん自身も，自分がスタッフから十分に受け容れられる体験を積み重ねました。彼女も子どもを育てていますが，子育てはまだ旅の途中で，クリスマスや誕生日などイベントや料理など苦手なこともあるといいます（食事を作るような場面ではフラッシュバックが起こりやすいからです）。でも，子どもが不登校になったことで，諦めることができるようになってきて，自分たちらしく幸せでいられたらいいのだそうです。

　今回のインタビューは，近いうちに書籍化することを考えています。2人でここ2年，この体験をまとめる作業をしてきてさまざまな葛藤があったのですが，何度か試みては形にならないまま流れてしまったカレンさんのストーリーがまとめられつつあります。家族との関係だけでなく，大変そうだけどカレンさんの何かが変わっていくのを，私は静かに心配しながら，見ていたように思います。

▶ 文献

上岡陽江，大嶋栄子（2010）その後の不自由―「嵐」のあとを生きる人たち．医学書院．

次号予告 『臨床心理学』第 21 巻第 5 号

自殺学入門

知っておきたい自殺対策の現状と課題

末木 新 [編]

次号予告 『臨床心理学』増刊第 13 号

治療文化の 考古学（アルケオロジー）

森岡正芳〔編〕

臨床心理学

Vol.21 No.3（通巻123号）［特集］**問いからはじまる面接構造論**──「枠」と「設定」へのまなざし

★ 好評発売中 ★

★ 欠号および各号の内容につきましては，弊社のホームページ（https://www.kongoshuppan.co.jp/）に詳細が載っております。ぜひご覧下さい。

◉ B5 判・平均 150 頁　◉ 隔月刊（奇数月 10 日発売）　◉ 本誌 1,760 円・増刊 2,640 円／年間定期購読料 13,200 円（10％税込）※年間定期購読のお申し込みに限り送料弊社負担

◉ お申し込み方法　書店注文カウンターにてお申し込み下さい。ご注文の際には係員に「2001 年創刊」と「書籍扱い」である旨，お申し伝え下さい。直送をご希望の方は，弊社営業部までご連絡下さい。

◉「富士山マガジンサービス」（雑誌のオンライン書店）にて新たに雑誌の月額払いサービスを開始いたしました。月額払いサービスは，雑誌を定期的にお届けし，配送した冊数分をその月ごとに請求するサービスです。月々のご精算のため支払負担が軽く，いつでも解約可能です。

 金剛出版

〒112-0005　東京都文京区水道1-5-16　URL https://www.kongoshuppan.co.jp/
Tel. 03-3815-6661　Fax. 03-3818-6848　e-mail　eigyo@kongoshuppan.co.jp

新刊案内

Ψ金剛出版　〒112-0005　東京都文京区水道1-5-16　Tel. 03-3815-6661　Fax. 03-3818-6848
e-mail eigyo@kongoshuppan.co.jp　　URL https://www.kongoshuppan.co.jp/

セルフ・コンパッション 新訳版
あるがままの自分を受け入れる

[著] クリスティン・ネフ
[監訳] 石村郁夫　樫村正美　岸本早苗　　[訳] 浅田仁子

セルフ・コンパッションの原典を新訳！　セルフ・コンパッション（自分への思いやり）について，実証研究の先駆者であるK・ネフが，自身の体験や学術的な知見をもとにわかりやすく解説。随所に設けられたエクササイズに取り組みながらページをめくれば，自然とセルフ・コンパッションを身につけることができる。めまぐるしく変わる社会情勢やさまざまなストレスにさらされる「疲れたあなた」を労わるバイブルが新訳新装版で登場。

定価3,740円

コーピングのやさしい教科書

[著] 伊藤絵美

一生使える・スラスラわかるストレスと対処法の楽しい教科書！　ふつうに生活していてもストレスは避けられません。ストレスをためて心と体の不調にはまりこむまえに，ストレスへの意図的な対処＝コーピングのレパートリーを増やして自分を助けてください。ストレスのしくみを知って要点を身につければ，コーピングはもっと効果的に，もっと楽しい習慣になります。ストレスとコーピングのメカニズムから「最強のコーピング」マインドフルネス，ストレス反応に深くかかわる「スキーマ」まで，ストレス心理学と心理療法のポイントをやさしく解説したこの教科書を，ひとりで・みんなで使って使って使い倒してください。

定価2,420円

愛はすべてか
認知療法によって夫婦はどのように誤解を克服し，
葛藤を解消し，夫婦間の問題を解決できるのか

[著] アーロン・T・ベック　　[監訳] 井上和臣

夫婦の関係を維持するために必要なものとは何か？　本書には多くの登場人物により全編にわたって多くの日常的なケースが紹介されている。結婚生活やパートナー関係には絶えず危機があり，その多くが離婚という結末を迎える。本書では，普通の夫婦間の不和についてその特質を正確に定義し，根本的な原因を明らかにしたうえで，問題をどのように解決するか，問題に対する洞察へのヒントが述べられている。全米でベストセラーを記録したベック博士の夫婦認知療法待望の邦訳である。

定価4,180円

価格は10%税込です。

青木省三
慈圭会精神医学研究所｜川崎医科大学名誉教授

［特別対談］
児童・思春期臨床で 一番 大事なこと
発達障害をめぐって

信州大学医学部子どものこころの発達医学教室教授
本田秀夫

Ⅰ　失われた実存的苦悩？──複眼的視点の重要性

青木　今日は，本田先生とお話ができることを楽しみにしていました。僕は特に思春期以降，10代以降の人を診ることが多く，本田先生は子どもを中心に思春期以降も診ていらっしゃるから，私たちのちょっとした視点の違いも含めてお話ができたらと思っています。

　僕は40年ほど思春期・青年期の臨床に携わっているのですが，特にこの20年前後，僕の許にやってくる若者たちが様変わりしているのではないかと感じるようになりました。不安障害や摂食障害など，さまざまな問題を抱えて受診してくる人たちをよく診てみると，いわゆる発達障害圏，本田先生の言葉をお借りすれば「自閉スペクトラム」の人の割合が増えてきたように思います。

　以前は，何か問題を抱えた青年が来談したら，「この子はどのようなことに苦しんでいるのか」「何がこの子を困らせているのか」「今どんなことを考えているのか」と，僕を含めた支援をする人たちは考えていました。

　ところが，発達障害あるいは自閉スペクトラムという概念が臨床の現場に入ってきた当初から，「視点の変化」のようなものが支援者側に起こっ

てきていると感じていました。「何か困っているのではないか」「何か悩んでいるのではないか」という問いから，「この子は自閉スペクトラムではないか」「発達の問題を抱えているのではないか」という問いへ，あるいは来談者のなかに発達障害の特性や特徴を見つけようとする視点へと移行したと言えばいいのでしょうか。つまり，その子の心や気持ちや体験よりも，行動や特性に目を向けるような視点の変化が，自分のなかにも起こっていることに気づきました。最初は「この子にはこういう特性がある」と，何かが "見える" 気がしていたのですが，次第に，これは本当にその子にとって良い視点の変化なのだろうかと疑問に思うようにもなりました。

　この視点の変化は僕にとって，かつてカール・ヤスパースがたどった道をなぞっているように思えてなりませんでした。神経症は了解可能であるが，病態が重い統合失調症になると了解不能になる。そうなると内的体験を追うことは難しくなり，精神症状の記述へと移行する──ヤスパースとともに，このように内面の理解から症状の観察へと視点が変化した歴史があったわけです。発達障害の子どもたちが増えてくるなかで，再びかつてと同じことが起こってはいないだろうかと，ふと感

じたんです。臨床においてだけでなく，たとえば学校の先生の場合だと，研修会で発達障害の勉強をした後，先生の目線が，「その子の悩みや困り事に気づく」ことから「その子の発達の特徴を見つける」ことに移っているのに気づくこともありました。

　以来，発達障害あるいは自閉スペクトラムを理解するというのはそうではない，むしろ「この子はこの特性をもっているから，こんな体験をしているのではないか」「自分たちは気づかなかったけれど，特性によってこんな生きづらさが起こっているのではないか」と，本人の内的，主観的体験を考えることが大切ではないかと思うようになりました。

　もちろん客観的に見ること，行動観察も大切です。けれども，子どもたちが困っていることや苦しみ，つまり特性をもって生きていくこととはどういう体験なのか，そういったことに絶えず目を向けることも，治療や支援においては欠かせないと思うんですね。その結果，たとえば「横着」だと思われていた子が，実は「こだわり」から行動の実行に移れなかったとわかることもあります。「わがまま」だとされていた行動だって，「こだわり」があってそう見えていたのだと，理解が深まることもある。そこには，たとえば次の行動に移れない苦しみがあるわけです。だからこそ，その子の体験を想像しながら支援していくことが大事だと，自分の40年の臨床を振り返りながら，反省を込めて考えたんですね。

本田　最初からとても重い課題を突きつけられました。私は医師になって3年目からずっと自閉症を中心に臨床に携わってきて，これまで私が診てきた人たちのかなりの割合が自閉スペクトラム症の人たちです。お話をうかがっていて，青木先生がおっしゃることと，私が理解している自閉症研究の歴史とが，不思議と重なりあう気がしていました。

　自閉症はもともとレオ・カナーが提唱した概念ですが，その後20年ほど，マルトリートメント

に伴う情緒の異常，つまり健康に育つはずの子どもが冷蔵庫のような母親に育てられて情緒的に不安定になっているのだと理解された時期を経て，マイケル・ラターの「言語－認知障害説」が提出される歴史をたどりました。こうして自閉症研究の歴史を繙いてみると，最初に患者の内面を理解しようとする動きがあり，次に言語や行動から観察しようとする理解が広がっていったことがわかります。その後，1980年代にサイモン・バロン＝コーエンが「心の理論仮説」を提唱して以降，風向きが変わり，再び内面に注目する流れが登場します。つまり，単に行動だけを見るのではなく，子どもたちの行動の理由を探る研究のなかで，「心の理論」の発達に何らかの特徴があるという説が生まれ，それによって従来のカナー・タイプから自閉症の範囲が広がっていった。やがて，思春期・青年期になり，みずからの内面や苦悩を語れる発達障害の人たちが登場するようになり，臨床の現場にも現れ，診断を受け，そして生活をしている──そういう状況があるわけです。

　これまで自閉症をめぐっては，ヤスパースの了解可能性の概念による説明，すなわち「子どもの統合失調症である」との仮説が出されたこともありますし，アタッチメント理論から乳幼児期のアタッチメント形成の異常で説明しようとする研究者も登場しました。それらの議論が前提にしていたのは，基本的に人間は誰もが同じ感受性をもって同じ認知発達を遂げるという理解であり，それらが自閉症においてどう「後天的にゆがむ」のかを考えるという発想でした。

　しかし，現在，自閉症は生来的なものと考えられています。もし「了解不能」と言うのであれば，自閉症には生まれつき了解不能な認知構造があるという考え方です。ですが，私は自閉症に魅かれて臨床を続けていることもあって，彼／彼女たちには一貫した固有の了解可能性があるとしか思えないし，自閉症世界の側に立つと，彼／彼女たちなりの一貫した論理が見えてくるんです。生活のなかで何を楽しみ，何を生きがいにしているのか，

そして何に困っているのか……それらを観察するだけではなく内面から理解しようとすることが，精神科臨床の基本だと思っています。

青木 おっしゃる通り，やはり行動観察と内的理解という両方の視点が必要ですよね。本人がどう体験しているのかという視点が消えてしまうと，臨床は子どもにとってつらい体験になってしまいますから。

II 過剰適応へのまなざし
——「息切れ」から「息抜き」へ

青木 思春期外来を始めた当初，とても真面目なのに，あるときポキンと折れたように学校に行けなくなってしまう子どもは，よく「優等生の息切れ型」などと言われていました。頑張りつづけて疲れを溜めて，ある時その疲れがドサッと出てくる。ところが，その人たちの一部は振り返ってみると，独特の発達特性をもってはいるけれど周囲からはわからないように過剰に適応して生きてきたり，周囲が過剰に——つまり，熱心になるあまり，だとは思うのですけれど——苦手分野を克服するトレーニングを実施したりした結果，ある日，「息切れ」のようなことが起こってしまったのかもしれない。「息切れ」という見方をこんなふうに少し変えなければいけないと，本田先生の書かれた論文を読んで感じました。

自分でも気づかず周りに合わせて，うまく適応しているように見えても，実はかなり無理をしている子どもたちもいれば，周りの期待に応えてトレーニングを頑張って，ちょっと無理を続けながら成長していく子どもたちもいます。こういう子どもたちがいるということを，自閉スペクトラムや発達の問題を考えるときに，あらためて考えなければいけないですね。

本田 おっしゃる通りですね。昔ながらの自閉症の方は，気遣いをする力が育たずにいることで逆に助かっている部分もあると思います。ただ，DSM-IV までの診断名でいう PDD-NOS（Pervasive Developmental Disorder Not

Otherwise Specified：特定不能の広汎性発達障害）の人たちのなかには，思春期になって周りとの違いに気づき，周りに合わせることが大事だという価値観を身につけ，一見「普通」に振る舞うものの，実際は過剰適応で疲れ切っている……そういう方もいらっしゃいます。

以前から，摂食障害の患者さんは，どちらかというと聞き分けがよい優等生タイプが多く，気疲れしてしまうと指摘されてきました。そういった思春期の状態像は発達障害でも見られますが，発達障害の方の場合，「普通」らしくなるための努力自体，一般の人が優等生になるための努力に等しいのかもしれません。ですから，発達障害の特性が目立たないようにトレーニングをするという発想だけではなく，一見すると普通に見える行動を取ること自体，果たしてその人にとって本当に幸福なのか——臨床はそこまで考えるべきものではないかと思います。

青木 ええ，そうですね。実際，思春期・青年期の人たちを診ていると，とても些細なきっかけで——時にはきっかけさえないまま——ふっと動けなくなってしまう人たちに出会います。成長の長いスパンのなかで，いつも絶えず無理をして，周囲に合わせて，普通に振る舞おうとしつづけた結果，破綻してしまったのかもしれません。本人は物心ついてから一生懸命に努力してきたし，周りも期待してきたけれど，それは長期的なものだから，原因はわかりにくい。だから本人も気づきにくいし，周りの人にも原因を特定できない破綻にしか見えない。ただ，振り返ってみると，療育の場面でもその後の場面でも，どこか本人に過剰な負担を強いてきたのではないか，それが積もり積もっていったのではないか——そういった視点をもつことが，臨床においては大事でしょうね。

本田 私は，横浜市総合リハビリテーションセンターで 20 年臨床に携わっているあいだ，突然体が動かなくなって学校に行けなくなる人をあまり診たことがなかったんです。ところが，別の臨床現場に移った後，本人も学校は好きだと言ってい

るのに，ある朝起きたら学校に行けなくなる人たち，本人も周囲も理由がわからないまま不登校になる子どもを診る機会が増えていきました。そして大学病院に来てみると，そういう人が本当にたくさん来談するんですね。もちろん全員ではありませんが，なかには発達障害の特性があると思われる人もたくさんいます。発達障害の人は自分のことを第三者視点で見る力がさほど強くないですから，殊に小中学生くらいだと，本人も自分のことがよくわからない。だから「今，自分は疲れているんだ」とも思えなくて，あるとき突然，体が動かなくなって寝込んでしまったりする。

青木　そう，まるで電池が切れたように体が動かなくなるんですよね。しかし，よく見ていくと，数年倒れていたけれど，むくっと起き上がって，数年頑張って，また急に電池が切れてしまう方に出会うこともあって，これはなかなか難しいなと。思春期以降に相談機関や医療機関を受診する方のなかには，周囲に合わせて普通に振る舞おうとする人が少なくないと思いますね。ただ，もしかすると，あまり無理をさせないとか，過剰なトレーニングをさせないといった配慮が，小さい頃からきちんとなされている場合だと，少し違ってくるんじゃないかな。

本田　そうですね，発達障害の人には，ちゃんと「息抜き」を教えることが大事だと思います。自分が関わってきた早期療育の現場でも，時にはやや厳しくトレーニングすることもあったのですが，構造化された設定で何かを教えたりトレーニングをしたりする時間は支援全体のほんの一部です。2～3時間という枠のなかで，構造化されたプログラムを実施するのはせいぜい30分ほどで，残りのほとんどの時間は自由に遊んでいる。職員も子どものペースに合わせて楽しく遊ぶし，子どもが好きでハマっているものには「面白いね」なんて言いながら見ているわけです。要所要所で教えたりトレーニングをしたりすることはあるのですが，上手に自分の気持ちを発散させる場をつくって，楽しむことを保障しながら支援をしてき

ました。思春期に燃え尽きてしまう人，突然エネルギーが切れてしまう人は，上手に息抜きをして充電する術を身につけてこられなかったのかもしれませんね……

青木　上手に休んだり，好きなことをしたり，気持ちを切り替えたり……そういうことって本当に大切ですから，成長するなかでしっかり身につけてほしいなと思います。

III　何かをしながら仲良くなる ——コミュニケーションの作法

青木　小学校高学年くらいになると，仲間ができたり教室にグループができていきますよね。そのとき，うまく集団に入れずに孤立して，そのことに苦しみ，時にはいじめられていると感じてしまう子どももいます。思春期の仲間形成の動きが強くなる一方で，自分の場所をもてない，あるいは友人関係をもてないわけですね。なかには孤立なんてまったく気にしない人もいるけれど，ひとりでいることを気にしている人は多くて，どこかで人とのつながりを求めている。ふとしたきっかけで，ちょっと気が合う友達ができると，その時期をしのぐことができて，そこから本人なりのネットワークを拡げられるようになる。あるいは学校の先生が声をかけてくれて，それが支えになって思春期を乗り越えていく子どももいます。

　一方で，そういうきっかけが自分からはつくれず，周りからもうまく提供できなくて，学校という場に入れなくなる子どもたちもいます。私たちとしてはそういう子どもたちに，負担のない形で人とのつながりを感じられるものを提供したいところです。

本田　青木先生はご著書『思春期の心の臨床』のなかで「たまり場」をつくった話を書かれていますね。従来の思春期・青年期の「たまり場」は，あまり構造をつくらない，「いつ来てもいい，いつ帰ってもいい」というゆるやかなもので，そこで人との接点が生まれてもいいし生まれなくてもいい，むしろ自由をよしとしていた。発達障害の

方の場合，そういう場が合っている人もいるとは思いますが，他方で，「何もすることがないと，何をしたらいいのかわからなくてつらい」という方もいる。ですからスタッフの企画でも当事者の企画でも，「たまり場」のテーマを決めたほうが，モチベーションが上がる方もいるようですね。私が10年前から運営している余暇活動の会でも，何かテーマがあると来てくれるけれど，テーマがないと参加してもらえないんですね。

　つまり，多くの人はまず仲良くなってから何かしようと考えるのですが，自閉スペクトラムの人たちは真逆で，まず何かすることがあって，それを行っているうち，ついでに仲良くなるという感覚で人との接点が生まれていく。さらに，ひとたび人間関係ができても，それを維持することは目標にしないようですね。一緒に何かしているときは仲が良いけれど，それがなくなれば特に連絡を取らなくてもいい，というのがベースラインになっている。

　一方，人とつながりたいと思うようになると，今ある関係を維持しないといけない，しかしどうすればいいのかわからず，SNSでコンタクトを取りすぎて相手に引かれてしまったり……そういったトラブルが起こりやすい。ですから，人付き合いを目標にした場合，そのために何をどう調整していくのかということは，相当に援助が必要だと思っているんです。

青木　僕が『思春期の心の臨床』を書いたのは2001年で，新訂増補版の出版が2011年，そして今回が3回目の改訂になります。初版を書いたときには，「たまり場」などの居場所はできるだけ自由なものがいいし，メンバーの自発性に支えられているほうがいいと考えていました。その後，本の内容を書き加えていくなかで，今では「形」があることが大事だと考えるようになっています。たとえば，そこに行けば物をつくる時間が1時間ほどあるといった，いわば作業療法のような「形」です。何かテーマがあって時間も決まっている「形」のある集団のほうが利用しやすい人が，

はるかに増えてきていると思います。雑談は苦手でも，物をつくりながらだと質問をしたり何気ない言葉が出たりする。「あなたは何に困っているの？」と言っても言葉が出てこない診察室でのコミュニケーションより，作業をしながら言葉が出てくるコミュニケーションのほうが大切なのかもしれません。

　作業をしながらコミュニケーションが生まれ，人との接点も生まれてくる。コミュニケーションして信頼関係を築いてから何か始めるよりも，順序は逆のほうがいいようです。相手の言葉が出てくるのを待つよりも，一緒に何かをすることから始めていくのは大事だなと思うようになったんですね。

本田　まったく同感です。思春期の人は親に連れてこられることが多いですから，半数以上は自発的に診察室に来ていないですよね。だから「何に困っているの？」なんて聞いても，けんもほろろで相手にしてくれない。そこから入ったらまず失敗しますよね。

Ⅳ　心よりも生活を——治療目標の共同探索

本田　私は基本的には初診のときに，嫌なことや苦手なことを聞くことは手短かに済ませて，必ず本人の好きなことや得意なことを書いてもらっています。そのほうが話題が膨らみやすいですからね。「野球が好き」と書いてあったら，「どのチームが好き？」と聞きながらちょっと掘り下げていく。「話を聞いてくれるんだ」と思ってもらえると，困ったことなんて全然話さないのに，野球の話を滔々と語り出したりもする。これが一緒に何かをすることになっているのかもしれませんし，ある種の信頼関係が生まれている気はします。

青木　好きなことを尋ねるというのはとても良いですね。50代60代くらいの大人でも，症状について尋ねると口が重くなるけれど，好きなことや趣味を尋ねているうち，どんなふうに仕事に取り組んできたか，これまでどんなふうに生きてきたのか，つまり生活史が浮かび上がってきますから。

生活史をダイレクトに聞いてもなかなか言葉が出てこないけれど，好きなことを聞くなかで，何をしているときに人生が楽しめるのか，どんなときに幸せだと感じるのかが見えてきて，そこから治療目標も見えてきますね。

本田　反対に「過剰適応」をしている人の場合，好きなことに打ち込む時間がまったくなかったりしますよね。発達障害の人で，休みの日は何をしているのか尋ねると，「カウンセリングで教えてもらったSSTの復習をしています」などと答える人が時々います。そのような人たちは，何を楽しみに生きているのか見えなくて，本人もとてもつらそうなことが多いと感じています。今の世の中は，やらなきゃいけないことだらけで，誰もが少し背伸びをして，過剰適応気味に行動することが要求される社会になっていて，発達障害の人はそのプレッシャーをより強く受けているのだろうと思います。だからせめて「休みの日はゆっくりしよう」「好きなことで時間を過ごそう」といったことを，一言伝えられたらいいなと思うんです。

青木　時々，一日の過ごし方を記録したノートなんかを持ってきてもらうと，朝から夜まで分刻みのスケジュールがびっしり書いてあって，「この人はどこで一息ついているんだろう？」と感じることがあるのですが，どうやら息抜きの時間は思わぬところにあるらしいんですね。たとえば，病院の帰りがいつもフリーの時間になっていて，いろいろな通りを歩きながら「今日はこの店にしよう」と探索をすることが楽しみの時間になっている。診察が終わるとほっとするんでしょうか。

　何かを探索したり，面白そうだと思えるものに時間を使うことを，われわれ支援者が応援していくのも大事ですよね。さり気なく「今日はどこに寄るのかな？」「今日は何か探したいものがあるの？」と聞いてみて，「そんなことをしてもいいんだ」「そういうことが大事なんだ」ということを，いろいろな形で伝えていくのが大事なように思います。人によって違うとは思うけれど，生きていくことをその人なりに楽しんでもらいたい……そ

んな思いがあるんです。

本田　診察の帰り道が楽しみの機会になっているというのは，とても象徴的ですね。ある意味，青木先生の診察が憩いの場になっていて，だからこそ帰り道はちょっと気持ちが大きくなって，「寄り道しようかな」と思えるわけですから，とても治療的ですよね。私は主に思春期以前の子どもを診ていますが，多くの場合，子どもたちは決して私に会いに来ているわけではないのですよ。帰りにどこかでお母さんと一緒にごはんを食べて帰るのが楽しみで来ている子どもは結構いて，それが実は親子関係を修復する重要な鍵になったりもする。つまり，単に何か課題を見つけて宿題を出すのが診察の場ではなく，診察に行くことで気持ちが少し楽になる場にしていくことは大切ですよね。

青木　僕はね，どのように診察室に来て，どのように帰っていくのか，ということに昔から興味があるんです。帰りに寄り道ができるようになった人は，随分ゆとりが生まれてきた感じがするし，そこを拠点に探索したり寄り道の範囲が拡がったりする。そういった変化を見ていると，いろいろなものに目が向くようになってきたのかなと思えてくる。診察というものはあまり大したことはできなくて，どのように来て，どのように帰るか……それを豊かにしていくことも診察のひとつだと思っているんです。

本田　私，ラーメンが好きなので，患者さんがラーメンを食べて帰ると話したときは，「今度あそこの店に行くといいよ」なんて話をしたりするんです。そうすると後日「行ってきました」と話してくれることもあって，しばらく診察が毎回ラーメンの話で盛り上がったりして……案外，そういうことが突破口になったりしますからね。

青木　そうですよね。相手をいたわるような何気ない言葉を投げかけるにしても，「あそこの店，ちょっと遠くない？」「今日は寒いから気をつけて行かないと」と言葉にしたり，もっと具体的に「あのバス停からホームセンターまではちょっと

歩くよね」「あの道はちょっとごちゃごちゃしているから気をつけないとね」と話をするといいですよね。いたわる気持ちを，具体的なことに乗せて伝えることが大事だと思うんですね。単に「つらいでしょう」とか「無理しないでね」という言葉だけでは伝わらないから，その人が歩いていく道を具体的に考えながら，「このあいだ，僕もその店に行ったけど，こんな面白いものがあったよ」と言ったりする。すると本人から「もう僕も知っています」という返事があるかもしれない。そういった具体的な接点が，実は大事ではないかなと思います。

　きっと，治療者・支援者が自分の日常と青年・若者の日常生活を重ねるといいのでしょうね。診察で具体的なことを語らないほうがいい人もいるとは思うけれど，自閉スペクトラムの子どもたちについては，相手を気遣う言葉をかけるにしても，より具体的に，日常生活に即して伝えていくことが大事だと思うんですね。

本田　かつて私は東京大学の精神科で研修をしていて，特に1年目，2年目は生活臨床を結構勉強しました。いまだにあの頃の影響は大きくて，生活を把握する，生活からきっかけを見つけるという発想は，ずっと残っています。生活というのは具体的なものですから，どのような家に住んでいるのか，誰がどの部屋で寝ているのか，家具がどう配置されているのか，何を大切に持っているのか，そういうことからその人の生活が見えてくる。そこから，どこに手を入れるのが本人にとって一番いいのかということも考えやすくなると思っているんです。

青木　心そのものを診るよりも，生活を聞いていきながら，「ここは困るだろうな」「ここは不便だろうな」と，その人の生活をどれだけありありと描けるか，ということですね。あるいは心の悩みよりも生活の悩みを話してもらったほうが，本人との接点になるのかもしれません。

Ⅴ　沈黙とキャッチボール——言語化をめぐる考察

本田　少し話題が変わりますが，発達障害の人たちが時代とともに見え隠れするなかで，青木先生は，思春期・青年期臨床における治療や支援にどのような変化が起こっているとお考えでしょうか？

青木　思春期以降を専門にする臨床家には，これまで「言語化信仰」というようなものがあったように思います。つまり，本人が自分の悩みに気づいているかどうかは別として，それを何らかの形で言葉にして話ができるようになることが，症状から解放されて楽になるためには必要だという考え方です。ですから，目の前にいる子どもたちが沈黙していると，その沈黙の後ろには何かが隠されている，あるいは潜んでいるのではないかと考え，それが言葉になるのを待ったり，時には長い沈黙を共有したりすることが重視されてきました。

　それが大事な場合はもちろんあるのですが，言語化を強いてはいけないと思うんですね。しゃべりにくい人には，しゃべりにくい事情がある。言葉にすることが苦手なのかもしれないし，恐怖があるのかもしれない。僕も最初の頃は，長い沈黙は本人にとって大事なものだと思っていた時期もあったのですが，もしかすると言語化のプレッシャーみたいなものを与えていたのではないかと，今では反省しています。

　その後，言葉にすることを優先するのではなく，言葉が出てこないときには「この人はどのような場面だったら言葉が出てくるのだろう」と考えるほうが意味があるのではないかと考えるようになりました。たとえば僕の経験では，診察室ではしゃべらなかったけれど，診察を待っているあいだ，看護師にはきちんと話ができているし，作業療法や心理カウンセリングなど場面設定が変わると，作業をしながら少し言葉が出てきたりする人がいました。あるいは，僕の前では一言もしゃべらなかった人が，就労支援で一緒にハローワークに行

く道筋で，ぽつりぽつりと話をしたりする。そういったことは，僕の診察よりはるかに精神療法的ではないかと思うことがあります。

　一方で，言葉のキャッチボールを丁寧にしていくこと，すなわちその人自身の言葉で興味のあることが語られ，他人と言葉でやりとりができる体験を積み重ねていくことも，やはり大事です。抽象的な悩みよりも，好きな食べ物の話といった具体的な話のほうがキャッチボールができるようですね。本人がちょっと興味のある好きなことを介して，一見すると意味がなさそうなキャッチボールをしていくこと，しかも投げたボールが相手に伝わって，返事があって，また自分からボールを投げ返していくこと——そういうキャッチボールは，やはり大事ではないかと思います。

本田　たしかに，普段はアニメの話くらいで，ほかのことは何を聞いても見向きもしなくて，話が終わったらさっさと席を立って遊びに行っていた子が，中学生になって，何かの拍子にあらたまって「相談があるんだけど……」なんて言ってくることはあります。聞いてみると，一言二言，"友達がどうしたこうした"みたいな話で，こちらには言っていることがさっぱりわからず，その子の母親に聞いてはじめて詳細がわかったりする。それで「あとはお母さんに任せたから，俺は遊んでくる」と言い放ってどこかへ行ってしまう……ですが，そこには本人が言葉にして自分の悩みを話す瞬間が訪れていて，その前後で診療に向かう本人のスタンスが随分変わる，ということを経験するんですね。

　ですから，彼／彼女なりの言葉の重みがあると私も思っています。自分の思いを語り尽くせるほどには育ちにくいことも多いのですが，言葉で相手にメッセージを伝える意欲が立ち上る瞬間があって，そこにわれわれは立ち会うことがある……そういった印象があります。

青木　そうですね。言葉というものは苦手な領域かもしれないけれど，苦手なりに言葉で自分の苦しさを人に伝えて，言葉がそれを伝える道具にな

りうる体験を積み重ねることは，とても大事ですね。それがSOSを出して助けを求めることにもつながるかもしれない。長く饒舌にしゃべるわけではなくて，一言二言ではあるけれど，困っていることを今まで人に伝えたことのない子が，初めて人に伝えたという経験になるわけですからね。

本田　ええ，とても不思議ですよね。自閉スペクトラムの子で，困ったときだけ，本当にあっさりと言葉にして，次に会うときには困ったことを解消していたり，かなり真剣に悩んでいたように見えるのに，「もうあれは大丈夫だから」なんて言って，すぐどこかに遊びに行ってしまったり……そういったことを繰り返しながら成長しているのでしょうね。

青木　そうすると，診察時間を長くして，そこで話したことに意味があるという観念にとらわれないほうがいいのかもしれません。時間を確保した面接構造にこだわるのではなく，ふっと立ち寄って，言葉にして，帰って……というような。しっかりとした面接も大切ですが，その「隙間」に出てくることもあるように思いますよね。たとえば帰り際，面接が終わったときに突然振り向いて，ちょっとだけしゃべる……そういうことも結構ありますよね。

本田　帰り際に一番大事なことを語るという場面は，私もよく経験します。あれは面白いのですが，「それ，早く言ってよ」と思うこともあります（笑）。あわてて引き戻して「もうちょっと詳しく教えてくれる？」と聞くこともありますし，次に回すときもあるのですが……

青木　そうなんですよね（笑）。大事なことを最後に語る人って，本当に多いですね。それも席を立って，最後，扉を開ける前にちょっと振り向いて言う……「刑事コロンボ」じゃないですが，そんな感じの方は多いですね。

VI　思春期を〈斜めから〉乗り越える
——思春期心性と仲間関係

本田　ひょっとしたら今の話とも関係するかもし

れませんが，いわゆる「思春期心性」と呼ばれるものがありますよね。これは思春期の葛藤を含むもので，自閉スペクトラムの人たちにもないとは言えないけれど，「思春期心性」だけではとらえきれない，ある種独特な思春期の乗り越え方が彼／彼女たちにはあるのではないかと思うことがあります。自閉スペクトラムの特徴が強い人たちは，基本的に「真面目」ですよね。思春期に親世代との葛藤はあるにせよ，あえて社会の規範から逸脱するような衝動には駆られにくく，基本的には安定を好むところがあります。

　他の子どもたちは「思春期心性」の時期に入って，グループをつくるようになると，まあグループというものは往々にしてやや排他的になります。しかし，そういったグループの排他性や，あえて教師に反抗したり校則を破ったりする人たちになじめずに孤立感を味わう……そういう方々がいる気がします。むしろ自閉スペクトラムの特徴が強ければ強いほど，「思春期心性」に固有の価値観に興味がないと言えばいいのか，思春期だからといって大きく逸脱もしないで，そのまま大人になってしまう人がいる。

　自閉スペクトラムは異なる「種族（tribe）」ではないかと私が言っているのは，まさにその観点からです。発達の仕方が若干違っていて，それが思春期の乗り越え方にも表れているのではないかと思うんです。

青木　とても不器用な思春期の乗り越え方をする方，要するに0か100かといった形で揺れ動きながら乗り越えていく方に出会うこともあります。もうちょっと柔らかく乗り越えられないのかなと思うけれど，激しく親にぶつかったり極端に甘えたりして，親に対しても0か100かという揺れ動きを示しながら，激しい不安定な時期を経て乗り越えていく方にも出会います。そして，ひとりで思春期を独特の形で乗り切る人もいます。あるいは，正面から衝突してしまうし，手加減がないし，ちょっと不器用なのだけれど，この人なりにもがいていると感じられる人もいるし，確かにい

ろいろですね。本田先生がおっしゃるように，一律の思春期の乗り越え方というのはちょっと考えにくいし，いろいろな人を診るにつれてわからなくなってきます……

本田　それに，表面的な友達付き合いはできている人もいますが，グループのメンバーたちといつも一緒にいるようなグループ形成はうまくできない方は多いようです。その意味では，同世代の友達同士で要領の良さみたいなものを身につける時期を逸してしまうのかもしれません。だから場数をこなしていないと言いますか，オール・オア・ナッシングになってしまう印象があります。

青木　また別の一群もいるようですね。数人の集団のちょっと目立たない周縁にいて，そこに自分の居場所を見つけて，自分なりの所属感を手にしながら思春期を乗り越えていく人たちです。自閉スペクトラムの特性が少し薄い人たちの乗り越え方ということでしょうね。

本田　今おっしゃったような方とお会いした経験は私にもあって，友達関係で相談を受けたところ，「自分には結構仲の良い友達が何人もいる」とおっしゃるんですね。詳しく聞いてみると，10人ほどいる友達グループのうち5人くらいはいつも一緒に遊びに行く仲間だけれど，残る5人は時々呼ばれるだけのメンバーで，自分は後者のメンバーだから，どうすれば前者の5人に入れるのか，という相談でした。それは青木先生がおっしゃるように，ちょっと周縁領域に自分の居場所があるタイプなのでしょうね。

青木　学校での集団のなかに自分の居場所を見つけられるかどうかが，小学校高学年から中学校を乗り切っていくうえで死活問題になる子どもは少なくありません。そうでないと休み時間なんかもずっとひとりで過ごさないといけないですから。それはきっと苦しいことですよね。

VII　発達障害とパラダイムシフト
──変わるべきは本人か？　環境か？

本田　青木先生はご著書のなかで，薬物療法は最

後の手段であると書かれていますね。先生から服薬を勧めることはないのでしょうか？

青木　僕から勧めることは少ないと思います。自閉スペクトラムを中心とした思春期の子どもへの投薬は対症療法で，根本を変えるものではないと思っていますから。それよりも環境調整や本人との話を大事にしたいんです。ただ，あまりに混乱していて，本人がゆとりを取り戻さないと本人も周囲も混乱が収束しないときには，薬物療法を提案することもあります。「あなたの頭のなかが少し興奮してピリピリしているから，お薬を試してみませんか？」「こういうお薬をこれだけ出そうと思います。少し役に立つようだったら続ければいいし，薬に立たなかったら，また違うお薬を提案するかもしれないし，もうそれで薬のことは考えないかもしれないし……」と話すようにしています。

本田　ありがとうございます，とても参考になりました。実は私もほとんど同じ考え方なんです。

青木　ただ，もうひとつ話しておきたいことがあります。思春期の自閉スペクトラムにおいて大きな問題になっているのは，これまでのアプローチの多くが，本人を変えるものだったということです。精神療法もそうですし，本人の興奮や敏感さを和らげるという点では薬物療法もそうかもしれない。

それに対してもうひとつのアプローチは，環境のほうを調整して本人に合わせていくものです。発達障害の子どもたちを診るときに，特に本人が混乱しているときには環境調整が第一選択です。まず環境を調整して，次に本人が少し変われるところがあるとすればどのくらいかと考える。本人が変わるか環境を合わせるかという比率は，その時々によって違ってくるとは思いますが，思春期以降あるいは成人期でも，本人の変化を求めすぎると，病状が悪化したり慢性化したりすることを経験してきました。児童期の臨床家にとっては当たり前の発想かもしれないのですが，思春期臨床においても徐々に，目の前のこの人に合った環境

のことが考えられるようになってきました。

本田　それは，発達障害概念が臨床現場に入ってきた影響も大きいのでしょうか？

青木　非常に大きいと思いますね。

本田　なるほど。私はそのことには気づいていませんでした。発達障害の場合には家族へのアプローチがとても重要で，私は，患者さんが何歳でも基本的に家族と面談を行うようにしてきました。中学2年生くらいまでは本人との話が2割，家族との話が8割ほどで，高校生以降だと本人の話の割合がもうちょっと増えますね。高校生以降に初診で来た方の場合，最初の数回は家族だけに来てもらって，生育歴を一度すべてうかがって，家族がどう育ててきたのかを洗い直す。そのくらい環境を重視してきたと思っています。

青木　成人精神医学の発想では精神療法や薬物療法が基本にあって，あくまでも本人が変わることがメイン，環境調整は補完的に考えられてきたと思います。ただ，発達障害圏の人たちの適応の問題，適応障害やそれに関連した問題ですと，環境調整だけであっという間に解決してしまうこともあって，本人が変わるか環境を調整するか，その割合が変わってきます。ただ，どうしても環境が変わらないときには本人が変わることを考える場合もありますから，その人に応じて柔軟に考えたいですね。

ただ，僕はいつも復職に関して職場の人とぶつかることが多くて……それは，自閉スペクトラム傾向がある人は，休職して元の職場に戻るのが負担になることが少なくないからです。復職する場合でも，元の職場ではなく，ちょっと職場を変えて，たとえば知り合いの先輩がいる職場にしたりすると，何事もなかったように元気に復職できる方もいます。ですが，やはり元の職場に戻って同じように仕事ができるようになるのが良くなることだ，という発想は根強い。できるかぎり環境を本人に合わせることは，思春期や成人期の臨床にも求められるべき発想ではないかと思います。

本田　成人の精神科の医師は，僕らから見ると生

育歴や家族背景をあまり聴取しないんですよね。紹介状やケースカンファレンスのデータを見ていても，最近では発達障害の可能性があると細かく見る人も多いのですが，一般精神科の問診票ではそのあたりの記載がさらっとしている。

　私の場合，親の学歴や会社名や仕事の内容も含めて，なるべく家族関係の情報を聴取します。どういう理想をもって子育てをしてきたのかということも，子どもの人格形成に大きく影響しますから。そもそも成人してから初診する方の大半は，発達障害の特性よりも適応障害，つまりうつや不安のほうが表に出ています。発達障害の特性があって，環境と合わなくて，それによって反応性の症状が現れていると考え，環境側にある問題を断つ発想をしたほうが，本人にとっても楽ですし，余計な薬も使わなくて済むと私は思うんです。

青木　おっしゃる通りですね。今までの成人精神医学は本人の変化を中心に考えてきたから，症状を中心に病気をとらえて治療するという発想が主流でした。ですが実際には環境の与える影響は非常に大きい。発達障害概念は，こういった考え方の変化をもたらしたと僕は思っています。

　これまでは，思春期の患者さんに「周りの人が僕の悪口を言っている」といった被害関係念慮のようなことを言われたら，統合失調症をメインに鑑別診断をしていたけれど，今ではそういった人に出会うことはきわめて稀になってきました。ベースに発達障害，あるいは発達障害とトラウマがある方が多数派です。対人関係の孤立などをきっかけに被害的になったり，時に幻覚妄想状態にまで至ったりするような場合，実はこの人には発達障害の特性やそれに由来する苦手分野があって，そこに負荷が加わって，こんなに困った事態に陥り，それが幻覚妄想といった異常体験を引き起こしたのではないかと考えられるような例が増えてきたのです。従来の成人精神医学から見れば何らかの精神疾患と診断されるところを，何らかの負担に反応している状態ではないか，何らかの環境に苦しんで起こったことではないかと，患者

さんに起こったことを追体験するところに目が向いてきたのは，発達障害概念が教えてくれた大事な視点だと考えています。

本田　統合失調症のように見えるけれど実は違うというご指摘は，私もとてもよくわかります。陽性症状のように見えるけれど，統合失調症の思考の障害，つまり連合弛緩に相当する要素はあまりなく，どこか一本筋が通っている。彼／彼女なりの「理屈」があって，本人の「理屈」の線から考えるともっともなことも多く，こちらがその「理屈」に乗って整理をしていくと，統合失調症のようには症状が進行しないという印象があります。不適応感覚のようなものが残る場合はありますが，いわゆる陽性症状がさほど目立たない状態を維持できて，薬もほとんど必要がない方はいらっしゃいます。

青木　精神病状態と言われるような混乱状態に陥っても，負荷になっている環境から離れることで，数日のうちに症状が消失していく人に出会うことも稀ではないですね。こういった治り方，改善の仕方というものは，今までもなかったわけではありませんが，それほど多くはなかった。これまで言われてきた統合失調症の経過，病気の発症から治療による改善という定型からは外れた，ある種の反応性の状態と理解する視点を，日常臨床のなかでもたなければいけないですね。

本田　ちなみに，双極Ⅱ型との関連についてはいかがでしょうか？　内因性と考えるよりは心因性の要素が多い，ただ現象としては軽躁と抑うつが一過性に（phasic）表れてくる人たちがいる気がしていて……それもやはりイベントに連動しているんですね。たとえば，自分の好きなことが始まると途端に盛り上がって軽躁的になるけれど，ちょっとした仕事のトラブルなどがあると抑うつ状態になって，うつ状態がしばらく続く人たちもいます。症状だけを見ると双極Ⅱ型と診断できそうですが，どこかちょっと違うんじゃないかと思いながら，経過を診ている人が何人かいらっしゃいます。

青木 本田先生がおっしゃる通りだと思います。僕は「反応性双極性障害」という言葉をつくってもいいんじゃないかと思っているくらいです。頑張らなければいけないと思うとスイッチが入ったように気分が盛り上がり，やがて逆に疲れが出てくるように気分が沈んでいく——。自然な気分変動に見えるくらいで収まる人もいるし，もう少し気分変動が強くなる人もいる。さらに人生で負荷が加わると躁状態，あるいはⅠ型の双極性障害と言っていいほどになる人もいる。ずっとそういう人たちを診ていると，ちょっとした気分の高まりと双極Ⅰ型・双極Ⅱ型が連続しているように見えるんです。それほど明確に分けられるものではなくて，どこかつながっていて……「反応性双極性障害」と言ったほうがいいのではないかと思うのはそういうわけです。そういう人も環境が少し落ち着いてくるとピタッと気分の波が止まったりしますから，本田先生と同じようなことを僕も経験しています。

本田 やはりそうですよね。こういう話はなかなか聞けませんから勉強になります。

青木 大人の精神科臨床も，発達障害を視野に入れることによって「ものの見方」が変わっていきますね。本人が変わるか周りが変わるか，ということもそうです。固有の精神疾患についても，ベースに脳の問題があると思っていても，実は思わぬところに反応した結果だったり……発達障害という考え方は，実にいろいろなことを教えてくれる気がします。今日は本田先生にお話をうかがって，頭が整理されて勉強になりました。

［2021 年 1 月 23 日｜オンライン配信］

▶追記
この対談録は，青木省三『思春期の心の臨床［第三版］』（金剛出版［2021］）刊行記念オンライントークイベント「児童思春期臨床で一番大事なこと——発達障害をめぐって」（2021 年 1 月 23 日開催）の記録に，適宜編集を加えている。

🔁 臨床心理学 ✳ 最新研究レポート シーズン3
THE NEWEST RESEARCH REPORT SEASON 3

第**29**回

「プロセスに基づくセラピー」事始め
—— 「エビデンスに基づくセラピー」の先を行く，臨床心理学の新たな枠組み

Hayes SC, Hofmann SG & Ciarrochi J（2020）A process-based approach to psychological diagnosis and treatment : The conceptual and treatment utility of an extended evolutionary meta model. Clinical Psychology Review 82 ; 101908.

樫原 潤 *Jun Kashihara*
［東洋大学］

I　はじめに

　読者の皆様は，心理療法の「エビデンス」という言葉についてどのようなイメージをお持ちだろうか？　筆者は，エビデンスという言葉に対してどこかアンビバレントな思いを抱きながら，臨床心理学の研究活動を続けてきた。確かに，臨床実践の根拠についてクライエントやその家族，ひいては社会一般にわかりやすく説明することはきわめて重要であり，「科学の作法に基づき，数値などの客観的な形で心理療法の有効性を示す」という機運が高まってきたこと自体はよく理解できる。各種心理療法の有効性を示すエビデンス（科学的・数量的な根拠）が蓄積され，臨床実践の大まかな方針を決めるための参照枠が増えたのも歓迎すべきことだろう。しかし筆者は，「エビデンスに基づくセラピー」に一定の価値を認める一方で，「エビデンスというのはどうも窮屈だ」という閉塞感をずっと抱いていた。いま世間で共有されているエビデンスは，「うつ病に対しては認知行動療法が有効だ」といった大雑把な形式のものがほとんどである。エビデンスの中身を丁寧に精査したとしても，効果研究の論文からわかるのは「うつ病患者のうち何割程度は，認知行動療法を

何カ月実施することで，この程度の治療効果が見込める」といったことがせいぜいであり，「うつ病患者の一般論」や「認知行動療法の一般論」の域を出ない。「一口にうつ病といっても，症状のパターンは十人十色である」といった人間の多様性も，「1つの心理療法の中だけでも様々な技法があり，ケースに応じて様々な技法を組み合わせていく」という心理療法の豊かさも，エビデンスという言葉からはこぼれ落ちていってしまうのである。

　こうした窮屈さをもつエビデンスに基づくセラピーの枠組みから，どのように抜け出せばよいのだろうか？　実証性を重視する科学のまなざしと，多様性や個別性を尊重する臨床実践のまなざしを，より有機的に融合させる術はないのだろうか？　これらの問いへの答えを提供するのが，Steven C Hayes や Stefan G Hofmann といった第一線の研究者が近年提唱した，「プロセスに基づくセラピー（process-based therapy）」という新たな枠組みである。筆者自身はこの枠組みについて学び始めたばかりだが，科学的知見を惜しみなく活用して「ケースの個別性・複雑性」や「心理療法のメカニズムの詳細」に肉薄するそのあり方に強い感銘を受けた。そして，エビデンスに

基づくセラピーの先を行く潮流が生まれている
ことを，1人でも多くの臨床心理学者に伝えたい
と願うようになった。そこで本稿では，Clinical
Psychology Review というトップジャーナルに掲
載された，「プロセスに基づくセラピー」の概要
をまとめたレビュー論文を紹介することとした。

　なお，本稿の執筆にあたっては，予備知識の少
ない読者でも十分理解できるように，元論文とは
異なる見出しを立て，一部の文章の順序を変え，
適宜言葉を補っていった。なるべくわかりやすい
言葉で元論文のエッセンスを伝達できるよう心が
けたので，心理療法に携わるすべての方々，特に，
「科学的知見を参照しても一般論ばかりで，臨床
実践にはあまり役に立たない」と感じてこられた
方々にご一読いただければ幸いである。人間を中
心に据えた，個別性を捉えるための科学が着実に
育っていることを実感していただき，科学と臨床
実践の融合に思いを馳せていただけることを願っ
ている。

II　プロセスに基づくセラピーの提唱に至った背景

　臨床心理学においてエビデンスに基づくセラ
ピーという枠組みが提唱されたのは，1960 年代
末のことであった。それ以来，「その人に固有の
問題や文脈をもつ目の前のクライエントに対し
て，誰が，どのような治療法を用いるのが最も効
果的なのか」という問いに答えるべく，心理療
法の効果研究が山のように実施されてきた。しか
し，半世紀にわたる研究知見の蓄積を経てもなお，
臨床心理学は上記の問いにうまく答えられていな
い。エビデンスに基づくセラピーは「特定の症候
群に特化した治療プロトコルの寄せ集め」にしか
なっておらず，「他でもない目の前のクライエン
トをどう治療すれば良いのか」という核心部分に
は迫れないままでいるのだ。

　上記の行き詰まりの原因は，心理療法の効果研
究が症候群アプローチに頼ってきたことにある。
症候群アプローチとは，原因不明の病態にひとま
ず「〇〇症候群」という名称をつけた後に，発症

の根本原因（例えば，新種のウイルス）を特定し，
その根本原因を取り除くための治療法を確立して
いくというものである。この症候群アプローチは
医学の幅広い分野で成功を収めてきたが，目に見
える根本原因を特定するのが難しい精神障害に対
してはうまく機能しなかった。「DSM-5 などの診
断分類は現実に則しておらず，臨床的有用性がき
わめて限定的である」ということはもはや共通認
識となっており，症候群アプローチに代わる方策
を見出すことが現代の臨床心理学の大きな課題と
なっている。

III　プロセスに基づくセラピーの概要──動的な治療プロセスの全体像を捉える個性記述的アプローチ

　私たち(Hayes ら)がプロセスに基づくセラピー
を提唱するのは，症候群を単位にエビデンスを求
める時代に別れを告げ，人間を中心に据えた新し
い科学的アプローチへと舵を切るためである。「他
でもない目の前のクライエントをどう治療すれば
良いのか」という核心的な問いに立ち返り，個性
記述的な Clinical Science（科学としての臨床心
理学）の枠組みを新たに示すことが本論文の目的
である。

　精神障害の治療プロセスは，障害の種類や程度
のみならず，クライエントのパーソナリティや環
境要因を含む多種多様の変数が相互に影響を及ぼ
し合う，動的なプロセスとなっている。プロセス
に基づくセラピーでは，クライエントごとに異な
る動的治療プロセスの全体像（システム，ネット
ワーク）を把握し，「目の前のクライエントのシ
ステム全体を変えていくには，どこの部分に介入
するのが最も効果的で効率的か」を分析して，そ
の分析結果に基づいて介入を実施していく。なお，
「クライエントごとに異なる動的治療プロセスを
把握して介入に役立てる」という発想それ自体は，
臨床心理学分野で古くから存在していた。例えば，
Carl R Rogers らのヒューマニスティック・アプ
ローチでは，「クライエントに固有の生活史や不
適応的な生活戦略の結果として心理的問題が生じ

ている」という想定のもと，クライアントを全人的に理解した上での援助を目指していた。プロセスに基づくセラピーは，数量データ解析や実験的手法など科学の力を新たに得た上で，臨床心理学の伝統である個性記述的アプローチに回帰したものとして位置づけられる。エビデンスに基づくセラピーの時代には，科学性を追求するためには「人間ではなく症候群を記述する」という方策を採るしかなかったが，近年では心理ネットワーク分析のような「個性記述のための数量データ解析」が発展してきている。そのため，上記のような「科学の力を得た上での伝統回帰」が可能になったといえる。

　プロセスに基づくセラピーで扱う治療プロセスは，以下の5つの特徴をもつ。第1に，科学的な理論に基づいている。つまり，データによる検証や予測が可能なものとなっている。第2に，動的なものである。つまり，従来の単方向的で直線的な媒介分析モデルとは異なり，フィードバックループや非線形的な変化を含み得る。第3に，漸進的（累進的）である。つまり，ミクロな治療プロセスを徐々に解明し，それらを組み合わせてマクロな治療プロセスを描き，治療目標の達成につなげることができる。第4に，文脈に規定された修正可能なものである。つまり，介入による変容が十分見込めるものとなっている。第5に，マルチレベル的な性質をもっている。つまり，ミクロな治療プロセス同士が階層構造（入れ子構造）を成している場合がある。

　従来の効果研究は，ほとんどが上記の「ミクロな治療プロセス」を検討するものとなっていた。つまり，「認知再構成法を実施すれば，ネガティブな自動思考が修正され，その結果として抑うつ気分が軽くなる」といった知見が，バラバラな形で山のように蓄積されていたわけである。そのため，臨床実践者にとっては，「参照可能な研究知見がありすぎて，どの知見を応用したものか途方に暮れる」という状況ができあがっていた。プロセスに基づくセラピーは，これらのミクロな治療

プロセスを1つにまとめるアンブレラ・セラピーなのである。バラバラに蓄積された効果研究の知見を体系的にまとめ，臨床実践者や研究者が個別の文脈に合わせて活用できる形に落とし込むことが本セラピーの目的である。

Ⅳ　プロセスに基づくセラピーを動かすコア ——拡張進化論的メタモデル

　「ミクロな治療プロセスを1つにまとめる」というあり方を実現するためには，研究知見を整理するための枠組みが必要となる。その枠組みを提供し，プロセスに基づくセラピーを動かすコアとして機能しているのが，拡張進化論的メタモデルである。クライアントは1人1人，「多種多様な変数が相互作用し合う，1つの複雑システム（ネットワーク）」としての心理的問題を抱えており，多少の出来事ではシステム全体が変容しないからこそ長らく心理的問題に苦しんでいる（例えば，「偶然良いことがあって一時的に気分が晴れても，すぐにいつもの抑うつ的なパターンに戻ってしまう」ということはよくある）。システム全体を変えるのはそれだけ大変なことだが，生物学の進化論では古くから複雑システムに関する知見を蓄積しており，「どのようなときに生態系の動的平衡が崩れ，特定の種の絶滅といった抜本的なシステム変容が起こるか」ということが詳細にわかっている。心理学以外の分野で「複雑システム全体が変容するための法則」がすでにわかっているのであれば，「目の前のクライアントという固有の複雑システム」への介入に応用しない手はない。そうした応用志向のもとに構築された，「心理療法の効果研究の知見を整理するための，進化論の法則を採り入れた枠組み」こそが，拡張進化論的メタモデルなのである。

　拡張的進化論的メタモデルは，「進化論的な分類軸」「心理学的な分類軸」「適応的／不適応的という分類軸」という3つの分類軸を組み合わせた，立体構造を取っている。プロセスに基づくセラピーを実施する際には，「進化論でいえば『淘汰』

の法則に該当し，心理学的には『感情』面に着目した，『不適応的』なプロセスについて議論した研究知見はないだろうか」などと考え，研究知見を整理していく。また，目の前のクライアントから実際に数量データを取りながら，適用可能な研究知見を絞り込んでいく。さらに，心理ネットワーク分析などの数量データ解析を活用しつつ，「目の前のクライアントという複雑システムの全体像（マクロな治療プロセス）」を把握し，「システム全体を変容させるための介入ターゲット」を特定していくことになる。

Ⅴ　総括と今後の展望

症候群に特化した治療プロトコルを用いる時代はすでに終わり，プロセスに基づくセラピーの時代が始まった。個性記述と科学的実証性を両立したこのアプローチは，成熟期を迎えた Clinical Science に欠かせないものとなるだろう。拡張進化論的メタモデルに沿った機能分析が広まっていくという展開も今後は期待される。

Ⅵ　紹介者からのコメント

本論文を読んで，筆者が感じてきた「エビデンスに基づくセラピーの窮屈さ」は，「人間ではなく，症候群を単位に心理療法を進める」という方策の限界からくるものだったのだと気づかされた。さらに，「臨床心理学の伝統であった個性記述的アプローチ」と「数量データ解析に基づく実証主義」の双方を尊重するところにこのセラピーの懐の広さを感じ，進化論の知見を借りながらセラピーの大枠を整えていく著者らの柔軟な発想力に驚かされ

れた。本論文の目的は「アプローチの提唱」であり，「セラピーを実践する際の具体的手順」をもっと知りたいところだが，それは今後の文献で詳述されることだろう。新しいアプローチはしばしば難解に感じられるものだが，臨床心理学の伝統と紐づけて理解できる点も多分にあるので，ぜひ多くの方に注目していただければと願っている。

最後に，プロセスに基づくセラピーや関連トピックを，より深く学ぶためのリソースを紹介しておきたい。まず，Hayes & Hofmann（2018, 2020）が，プロセスに基づくセラピーについての詳細な解説を学術書としてまとめている。また，「現場用の臨床実践ガイド」が今後出版される可能性も高いので，著者らの情報をフォローすると良いだろう。さらに，セラピーの中で活用が期待される心理ネットワーク分析については，筆者が入門的解説をまとめたので（樫原，2019；樫原・伊藤，印刷中），そちらも適宜ご参照いただきたい。

▶文献

Hayes SC & Hofmann SG（Eds）（2018）Process-Based CBT : The Science and Core Clinical Competencies of Cognitive Behavioral Therapy. Oakland : New Harbinger.

Hayes SC & Hofmann SG（Eds）（2020）Beyond the DSM : Toward a Process-based Alternative for Diagnosis and Mental Health Treatment. Oakland : New Harbinger.

樫原潤（2019）精神病理ネットワークの応用可能性―うつ病治療のテイラー化を促進するために．心理学評論 62；143-165.

樫原潤，伊藤正哉（印刷中）心理ネットワークアプローチがもたらす「臨床革命」―認知行動療法の文脈に基づく展望．認知行動療法研究.

♪ 主題と変奏——臨床便り

第 **50** 回

対話者たることの資格を剥奪する

石原真衣

［北海道大学］

> 「私」が彼女の独房を訪れると，フィルダウスは「私」を冷たい地べたに座らせ，語り始める。わたしに話させなさい，決して遮らないで，あなたの話に耳を傾けている暇など，わたしにはないのだから，と。そして，そのあとは，あたかも「私」など存在しないかのように，彼女はえんえんと，その長大なモノローグを紡いでいくのである。
> 　それは，対話では，ない。フィルダウスが，その語りの冒頭，彼女自身の語りに書き込むのは，そのことだ。対話の拒否，あるいは，対話者——語られる言葉の分有者——たることの資格の剥奪。
> 　　　　　　　　　　　－ 岡真理（2006［p.92］）－

　拙著の刊行から少し時が経った。いまの思いを記してみたい。冒頭のフィルダウスは，この長大なモノローグの語りの後，死んでいく。それは死刑という形ではあったけれども，他者の手を借りた自死だった。彼女は言葉を遺して死んでいった。おんなたちは，言葉を遺して死んでいく。フィルダウス，鷺沢萠，ブヴァネシュワリーの遺した言葉，あるいはふるまい。その遺されたものによって，その後の世界をゆるやかに変えていく。それがいかに大きな貢献だったとしても，自死による解放や変革への意志はあまりに痛ましい。

　私はどうしても，自死を回避した解放のために，自伝的民族誌を書かなければいけなかった。

　私は，フィルダウスのように，対話を拒否した。そうしなければ，私のあらゆる言葉は，善意であれ悪意であれ必ず殺されることを経験していたからだ。道徳的にふるまっている人びとが言葉やこころに対する殺人を正当化することを私は知って

いた。だからこそ，私は対話者——語られる言葉の分有者——たることの資格を読み手から剥奪する方法として，自伝的民族誌を選択したのかもしれない。痛みや苦悩について「自分の言葉」によって物語として記述することで，読み手に被傷性を植え付ける。「不理解」を自覚してもらう儀礼といってもいいかもしれない。その被傷性によって対話の回路が拓かれる。このような意思を持った本書が，日本においてオートエスノグラフィーという言葉を冠した初めての書籍であることを嬉しく思う。

　本書の刊行以降，少なくない数の人びとが，「私」の声に呼応し，変容し，態度やふるまいを変えた。それは希望であり，小さな社会変革だった。

　しかし，私はまだ苦しく息ができない。もしかしたら，書き記し，語り，言葉を創造することで，さまざまな歴史や現実や人びとの痛みを自己に引き寄せてしまうからではないか。言葉にしなければやり過ごせたかもしれない傷が，現実の手触りをそなえて，私のこころにがっしり根をおろしてしまう。自伝的民族誌が，はたして癒しとなりうるのか，あるいはあらたなトラウマや傷となるのか，私の新たな思索はいま始まったばかりだ。

▶ 文献

石原真衣（2020）〈沈黙〉の自伝的民族誌——サイレント・アイヌの痛みと救済の物語. 北海道大学出版会.
岡真理（2006）棗椰子の木陰で——第三世界フェミニズムと文学の力. 青土社.

実践研究論文の投稿のお誘い

『臨床心理学』誌の投稿欄は，臨床心理学における実践研究の発展を目指しています。一人でも多くの臨床家が研究活動に関わり，対象や臨床現場に合った多様な研究方法が開発・発展され，研究の質が高まることで，臨床心理学における「エビデンス」について活発な議論が展開されることを望んでいます。そして，研究から得られた知見が臨床家だけでなく，対人援助に関わる人たちの役に立ち，そして政策にも影響を与えるように社会的な有用性をもつことがさらに大きな目標になります。本誌投稿欄では，読者とともに臨床心理学の将来を作っていくための場となるように，数多くの優れた研究と実践の取り組みを紹介していきます。

本誌投稿欄では，臨床心理学の実践活動に関わる論文の投稿を受け付けています。実践研究という場合，実践の場である臨床現場で集めたデータを対象としていること，実践活動そのものを対象としていること，実践活動に役立つ基礎的研究などを広く含みます。また，臨床心理学的介入の効果，プロセス，実践家の訓練と職業的成長，心理的支援活動のあり方など，臨床心理学実践のすべての側面を含みます。

論文は，以下の5区分の種別を対象とします。

論文種別	規定枚数
①原著論文	40枚
②理論・研究法論文	40枚
③系統的事例研究論文	40枚
④展望・レビュー論文	40枚
⑤資料論文	20枚

①「原著論文」と⑤「資料論文」は，系統的な方法に基づいた研究論文が対象となります。明確な研究計画を立てたうえで，心理学の研究方法に沿って実施された研究に基づいた論文です。新たに，臨床理論および研究方法を紹介する，②「理論・研究法論文」も投稿の対象として加えました。ここには，新たな臨床概念，介入技法，研究方法，訓練方法の紹介，論争となるトピックに関する検討が含まれます。理論家，臨床家，研究者，訓練者に刺激を与える実践と関連するテーマに関して具体例を通して解説する論文を広く含みます。④「展望・レビュー論文」は，テーマとなる事柄に関して，幅広く系統的な先行研究のレビューに基づいて論を展開し，重要な研究領域や臨床的問題を具体的に示すことが期待されます。

③「系統的事例研究論文」については，単なる実施事例の報告ではなく，以下の基準を満たしていることが必要です。

①当該事例が選ばれた理由・意義が明確である，新たな知見を提供する，これまでの通説の反証となる，特異な事例として注目に値する，事例研究以外の方法では接近できない（または事例研究法によってはじめて接近が可能になる），などの根拠が明確である。
②適切な先行研究のレビューがなされており，研究の背景が明確に示される。
③データ収集および分析が系統的な方法に導かれており，その分析プロセスに関する信憑性が示される。
④できる限り，クライエントの改善に関して客観的な指標を示す。

本誌投稿欄は，厳格な査読システムをとっています。査読委員長または査読副委員長が，投稿論文のテーマおよび方法からふさわしい査読者2名を指名し，それぞれが独立して査読を行います。査読者は，査読委員およびその分野において顕著な研究業績をもつ研究者に依頼します。投稿者の氏名，所属に関する情報は排除し，匿名性を維持し，独立性があり，公平で迅速な査読審査を目指しています。

投稿論文で発表される研究は，投稿者の所属団体の倫理規定に基づいて，協力者・参加者のプライバシーと人権の保護に十分に配慮したうえで実施されたことを示してください。所属機関または研究実施機関において倫理審査，またはそれに代わる審査を受け，承認を受けていることを原則とします。

本誌は，第9巻第1号より，基礎的な研究に加えて，臨床心理学にとどまらず，教育，発達実践，社会実践も含めた「従来の慣習にとらわれない発想」の論文の募集を始めました。このたび，より多くの方々から投稿していただけるように，さらに投稿論文の幅を広げました。世界的にエビデンスを重視する動きがあるなかで，さまざまな研究方法の可能性を検討し，研究対象も広げていくことが，日本においても急務です。そのために日本の実践家や研究者が，成果を発表する場所を作り，活発に議論できることを祈念しております。

（査読委員長：岩壁 茂）（2017年3月10日改訂）

書評 BOOK REVIEW

津川律子・花村温子 [編]

保健医療分野の心理職のための対象別事例集
── チーム医療とケース・フォーミュレーション

福村出版・A5判並製
定価3,630円（税込）
2021年1月刊

評者＝**吉田三紀**（市立吹田市民病院）

評者が勤務する医療現場では，さまざまな診療科から心理支援の依頼があり，心理臨床活動を行っている。そんな中で本書に出会い，日々の臨床活動を振り返りながら読み進めた。本書は，心理支援のための「アセスメントからケース・フォーミュレーションの流れとその後の仮説修正の在り方」（p.261）がテーマである。その中で，心理職が保健医療分野で出会うことの多い事例を通して，心理支援のポイントが解説されている。また，各章の後に用語解説があり，事例をより理解しやすいように工夫されている。統合失調症やうつ病といった精神疾患，がんや糖尿病といった身体疾患に対する心理支援など多岐にわたっているが，紙幅の都合上，その中のいくつかを取り上げたい。

第1〜3章では，さまざまな疾患を抱えつつ，常に成長し続けている子どもとその家族への適切な支援のために，学校関係者も含めた他職種と連携し，アセスメントのために欠かすことのできない検査を取り，心理支援につなげていくことの重要性が事例を通して述べられている。第4章では，「医療という学校から離れた立ち位置で，学校に戻ることだけが道ではない，学校に戻らなければあなたの居場所や生きる道がないわけでは決してないことを伝えられる立場である」（p.80）と，セラピストの独立性に触れている。これは，評者も小学生から大学生までのクライエントにとって必要な視点であると実感しており，本書で明確に言語化されたような気持ちになった。次に第7章では，不妊治療を経て妊娠出産に至った事例を通して，子どもを持つ・持たないという人生の大きな節目への心理支援のあり方が考察されている。「婦人科における不妊治療の時から産科での妊娠中・出産後・育児期と心理

職が関わることができるポイントはさまざまにある」（p.134）と指摘しているように，ライフステージにおける大きな出来事に直面する女性とその家族に心理職がさまざまな専門家と連携しながら寄り添い，支援することが必要である。さらに付け加えると，早産・死産や若年妊娠に対しても同様に支援が必要である。「クライエントの状況によっては心理面接だけでなく，助産師へのアドバイスやリエゾン的役割など後方支援をすることでの関わりも必要になる」（p.135）と，心理職が果たすべき役割について指摘している。

評者の臨床経験からもクライエントの状況によって，心理職としてさまざまな形での支援を考えていくことが必要である。医療保健分野において，心理職がさまざまな診療科で地域も含めて多職種と連携しながら心理支援をすることが求められており，今後さらにその必要性は増すであろう。疾患が何であるかにかかわらず，クライエントの生きる意味の問い直しに心理職が寄り添いつつ，他方では，客観的な視点を持ったアセスメントからケース・フォーミュレーション，心理支援につなげていくことが重要である。

本書は，保健医療分野だけでなく，それ以外の分野で活躍する心理臨床家にもぜひ勧めたい一冊である。

土橋圭子・渡辺慶一郎［編］

発達障害・知的障害のための合理的配慮ハンドブック

有斐閣・A5判並製
定価2,860円（税込）
2020年12月刊

評者＝吉村麻奈美（津田塾大学）

　2013年，障害者差別解消法が制定され，2016年に施行。近いようで遠い。さまざまな組織で合理的配慮のための試行錯誤が重ねられてきた，その量を思う。膨大な試行錯誤は，このように充実した書籍を生み出すにいたった。

　評者は，合理的配慮の提供に対し努力義務を負う私立大学の構成員である。主業務は学生相談であるが，修学支援の一部も兼務している。つまり，「発達障害のための合理的配慮」に関わって数年経つ。その間，戸惑い，迷い，矛盾や混沌のなかを彷徨うようなことも少なくなかった。そんな経験を通して感じられた，合理的配慮にまつわる対話や思考において最も大切なこととは，「理解を深めること」である。

　「理解」の対象とは，障害者権利条約の理念，目の前にいる当事者の困りごとであり，そして，発達障害・知的障害の場合にはとりわけ個別性が高く配慮内容が多岐にわたることから，一般的な発達障害・知的障害への医学的・心理学的な知識や，合理的配慮の事例情報も更新していく必要があるだろう。

　本書は，まずは総論にて，理念への理解を深めることから始まる。章立ては，法律，医療・心理，教育，学校教育，大学，医療機関，就労，福祉，と進む。各論に入ったところで，自らの関心から，思わず大学のページを先にめくった。入学試験での合理的配慮の判断，対人援助職での実習時の配慮，日常生活や事務手続きについてどこまで支援するものなのか……。そこに連なる事例はまさに，現場で頻繁に出会うものであった。

　それらに対し，法律，医療・心理，教育の立場から「こう考えるとよいのではないか」という提案がなされていく。事例に対しては，2領域以上の専門家がコメントをするが，結論はあえて1つに集約されない。根本に立ち返った思考と，国内外のエビデンスを参照した堅実な筆致が展開され，こちらの頭も整理される。事例には文字数の都合か，はたまた意図的にか，具体的・詳細ではない部分もあるが，それに対する「考え方」をみることはむしろ汎用性が高く，実践的に有用であると感じられた。

　「理解」は，当然ながら当事者へも向けられる。こちらは心理臨床において鍛錬し続けなければならないことで，抱えている困りごとが表向き見えにくい・伝えにくい・本人も感じにくい発達障害・知的障害の場合，「理解」はより難航する。しかし，彼らの感じていることは，合理的配慮の考案において，何よりも大切なのである。本書では，当事者，きょうだい，親の声といった，リアルな声も聴くことができるため，当事者とその周囲への想像力を高めることもできる。

　これらの深い理解は単独ないし別個にあるのではなく，統合される必要がある。深く広く識り，事例に合わせて再構成し，注意深く，忍耐強く対話を繰り返していくことが求められている。……障害者差別解消法施行から5年。近いようで遠いが，遠いようで近い。理解すべきことの大海原のなか，本書は，行き先を照らしてくれる一冊である。

傳田健三［著］
大人の発達障害の真実
―― 診断，治療，そして認知機能リハビリテーションへ

誠信書房・A5並製
定価2,640円（税込）
2021年2月刊

評者＝中西康介（立命館大学）

　書き手のコンテクストを簡潔に述べる。評者は傳田健三先生（以降，著者）の御論文を何度か引用させていただいている。本書内でも強調されているが，著者の考える「診断の意味」に評者は多大な影響を受けている。書評執筆の機会を頂き，あらためて著者から多くのことを学んだ。まずもって深く感謝を申し上げたい。

　本書では，大人の発達障害の治療において，集団療法による認知機能リハビリテーションを導入していることが論じられる。この試みに関する系統的な実践・研究は，本邦においてこれまでほとんど例がない。注目すべきは，集団認知行動療法の導入に際して，あえて「発達障害」に焦点を当てた技能・スキル向上ではなく，「うつ」に焦点を当てた支援を目的としていることである。この試みは功を奏し，効果的であったことが報告されている。

　プログラムに参加した研修医は「皆さん相手の話をきちんと聞き，自分の意見を的確に述べることができ，とても仲がよく，コミュニケーションに問題がある人にはまったく見えなかった」と述べている。貴重な証言である。語る内容の前にあらわれる語りの形式をディスコースと呼ぶならば，ここでは発達障害のディスコースによい意味での揺らぎが生じている。確かに，大人の発達障害と診断された人に対するうつに焦点を当てた集団認知行動療法は効果的であった。その理由を本書では，対象となった人の多くがうつを併存していたからであったと説明している。否，もっと深遠なファクターが潜在していないだろうか。

　本書では，メランコリー親和型うつ病と診断された人（Lさん）が，発達障害と診断された人と一緒にうつに焦点を当てた集団認知行動療法を受けたパターンについても紹介されている（近年の研究ではメランコリー性格について，うつとの関連性よりもむしろ発達障害特性との関連性の強さが指摘されている。本書で

はこうした生物学的精神医学における最新のトピックが網羅されており，ありがたい）。Lさんは「うつ病のリハビリとしてはとてもためになった。参加者の誰が発達障害を持っているのかわからなかった。誰にでも多かれ少なかれそういう傾向はあるのですね」と回想している。

　A（という診断）に対してこれに効果的とされる介入を行うとする。一定の改善は期待できるだろう。一方Aに対して，Aと親和性の高い別の診断に効果的とされる介入を行ったらどうだろうか（これはメタファーであるが，本書の試みの一部は偶然にも後者の形式を取っている）。驚くことに，Aの改善の是非よりも「Who are with A？」を皆が前のめりに語りだしたのである。著者の試みにおいて，この反応は副産物的であったかもしれない。しかし評者が思うにこれは副産物以上に金脈である。「How effective to A」と「Who are with A？」――前者は治療法の効果，後者はそれを包括した認識論的な問いである。果たしてクライエントはいかなる問いに回復を実感するのだろうか。問いへの問い（unlearn）が問われている。

小栗正幸・國分聡子 [著]

性の教育ユニバーサルデザイン
―― 配慮を必要とする人への支援と対応

金剛出版・B5判並製
定価3,080円（税込）
2021年2月刊

評者＝三田村仰（立命館大学）

　本書は，経験豊かな二人の実践家（それぞれ男性と女性）の協働から生まれた，リアリティ溢れる「性の教育」をテーマとした書籍である。本書は，学術書もしくは教科書のような性を第三者的に観察するのとはだいぶ異なった視点から書かれている。むしろ「性」という話題にどっぷり浸かってこそ見えてくる，より現実的な「性の教育」の在り方を提案しているといえるだろう。

　本書は，それぞれに見どころのある，第Ⅰ部「いっぱいあってな」，第Ⅱ部「教育」，第Ⅲ部「介入」，第Ⅳ部「LGBT」の4部で構成されている。

　第Ⅰ部「いっぱいあってな」では，性にまつわるいくつものエピソードが，体験者自身のそれぞれの言葉で，読者に語りかけるように綴られている。正直なことを言えば，個人的には第Ⅰ部については自分からは思わず読むことを避けてしまうような話もあった。一方で，もしこの本を開かなければ，おそらくは一生知らなかったであろう話（大袈裟ではなく）をいくつもここで発見した。憚られて表には出てこない秘事だからこそ，この本の中に掲載（つまりは公表）されていることに価値があるだろう。

　第Ⅱ部「教育」では，極めて具体的にその方法論が紹介されている。たとえば，学校で性教育をおこなうと，その後，電車やバスの中で性器の名称を大声で話すなんてこともありそうだ。本書は「学びのルールは最初に，明確に」という項のなかで，これを未然に防ぐ方法までちゃんと記載してくれている。極めて実用性が高い。

　第Ⅲ部「介入」で扱われるのは「性的逸脱行動」（加害性のある性行動や未成年者の抑制を欠いた性行動）に対する介入だ。ここでも教育的な内容を豊富に含むが，たとえば，皮膚と粘膜の違いをフェルトと合皮を実際に使って実験してみせるといったアイデアも写真付きで紹介されていて，興味深く，かつ実践的でため

になるだろう。実践の中から生まれる豊富なアイデアに触れられることも本書の魅力のひとつだ。

　第Ⅳ部「LGBT」は，最初に「本書でのLGBTQとは通過儀礼だ」との念押しからスタートしている。本書ではLGBTQという記号を超えた先に，多様性を理解し合い，支え合うことの可能性を見出しているのだろう。本書でも触れられているが，「LGBTQ」と「性愛」を単純に同一視してしまうことには問題がある。同時に，本書全体を見渡すと，「性の教育」というキーワードに関連して，実に多岐に亘るテーマが盛り込まれていて，「性」というテーマが生身の人間におけるごく自然かつ大切な営みであることが改めて感じられる。

　最後に強いて言うなら，本書は実証研究や専門家間のコンセンサスが得られたような内容だけを基にしたものではない。豊かな現場から生まれたものである。それゆえに，いくつかのトピックスに関しては，議論の余地のある箇所もありそうだ。しかしながら，そうした点を含めても，今後この本と本気でやり合えるくらいの「性の教育」の書籍が出てくることにも期待したくなる。いずれにせよ，本書は，「性」というときに扱いにくいであろうテーマに対し，先陣を切って挑んだ「本気の性の教育」の書である。

投稿規定

1. 投稿論文は，臨床心理学をはじめとする実践に関わる心理学の研究における独創的で未発表のものに限ります。基礎研究であっても臨床実践に関するものであれば投稿可能です。投稿に資格は問いません。他誌に掲載されたもの，投稿中のもの，あるいはホームページなどに収載および収載予定のものはご遠慮ください。

2. 論文は「原著論文」「理論・研究法論文」「系統的事例研究論文」「展望・レビュー論文」「資料論文」の各欄に掲載されます。「原著論文」「理論・研究法論文」「系統的事例研究論文」「展望・レビュー論文」は，原則として400字詰原稿用紙で40枚以内。「資料論文」は，20枚以内でお書きください。

3. 「原著論文」「系統的事例研究論文」「資料論文」の元となった研究は，投稿者の所属機関において倫理的承認を受け，それに基づいて研究が実施されたことを示すことが条件となります。本文においてお示しください。倫理審査に関わる委員会が所属機関にない場合，インフォームド・コンセントをはじめ，倫理的配慮について具体的に本文でお示しください。

   ★ 原著論文：新奇性，独創性があり，系統的な方法に基づいて実施された研究論文。問題と目的，方法，結果，考察，結論で構成される。質的研究，量的研究を問わない。

   ★ 理論・研究法論文：新たな臨床概念や介入法，訓練法，研究方法，論争となるトピックやテーマに関する論文。臨床事例や研究事例を提示する場合，例解が目的となり，事例の全容を示すことは必要とされない。見出しや構成や各論文によって異なるが，臨床的インプリケーションおよび研究への示唆の両方を含み，研究と実践を橋渡しするもので，着想の可能性およびその限界・課題点についても示す。

   ★ 系統的事例研究論文：著者の自験例の報告にとどまらず，方法の系統性と客観性，および事例の文脈について明確に示し，エビデンスとしての側面に着目した事例研究。以下の点について着目し，方法的工夫が求められる。
     ①事例を選択した根拠が明確に示されている。
     ②介入や支援の効果とプロセスに関して尺度を用いるなど，可能な限り客観的な指標を示す。
     ③臨床家の記憶だけでなく，録音録画媒体などのより客観的な記録をもとに面接内容の検討を行っている，また複数のデータ源（録音，尺度，インタビュー，描画，など）を用いる，複数の研究者がデータ分析に取り組む，などのトライアンギュレーションを用いる。
     ④データの分析において質的研究の手法などを取り入れ，その系統性を確保している。
     ⑤介入の方針と目的，アプローチ，ケースフォーミュレーション，治療関係の持ち方など，介入とその文脈について具体的に示されている。
     ⑥検討される理論・臨床概念が明確であり，先行研究のレビューがある。
     ⑦事例から得られた知見の転用可能性を示すため，事例の文脈を具体的に示す。

   ★ 展望・レビュー論文：テーマとする事柄に関して，幅広く系統的な先行研究のレビューに基づいて論を展開し，重要な研究領域や臨床的問題を具体的に示す。

   ★ 資料論文：新しい知見や提案，貴重な実践の報告などを含む。

4. 「原著論文」「理論または研究方法論に関する論文」「系統的事例研究論文」「展望・レビュー論文」には，日本語（400字以内）の論文要約を入れてください。また，英語の専門家の校閲を受けた英語の論文要約（180語以内）も必要です。「資料」に論文要約は必要ありません。

5. 原則として，ワードプロセッサーを使用し，原稿の冒頭に400字詰原稿用紙に換算した枚数を明記し，必ず頁番号をつけてください。

6. 著者は5人までとし，それ以上の場合，脚注のみの表記になります。

7. 論文の第1枚目に，論文の種類，表題，著者名，所属，キーワード（5個以内），英文表題，英文著者名，英文所属，英文キーワード，および連絡先を記載してください。

8. 新かなづかい，常用漢字を用いてください。数字は算用数字を使い，年号は西暦を用いること。

9. 外国の人名，地名などの固有名詞は，原則として原語を用いてください。

10. 本文中に文献を引用した場合は，「…（Bion, 1948）…」「…（河合，1998）…」のように記述してください。1）2）のような引用番号は付さないこと。
    2名の著者による文献の場合は，引用するごとに両著者の姓を記述してください。その際，日本語文献では「・」，欧文文献では '&' で結ぶこと。
    3名以上の著者による文献の場合は，初出時に全著者の姓を記述してください。以降は筆頭著者の姓のみを書き，他の著者は，日本語文献では「他」，欧文文献では 'et al.' とすること。

11. 文献は規定枚数に含まれます。アルファベット順に表記してください。誌名は略称を用いず表記すること。文献の記載例については当社ホームページ（https://www.kongoshuppan.co.jp/）をご覧ください。

12. 図表は，1枚ごとに作成して，挿入箇所を本文に指定してください。図表類はその大きさを本文に換算して字数に算入してください。

13. 原稿の採否は，『臨床心理学』査読委員会が決定します。また受理後，編集方針により，加筆，削除を求めることがあります。

14. 図表，写真などでカラー印刷が必要な場合は，著者負担となります。

15. 印刷組み上がり頁数が10頁を超えるものは，印刷実費を著者に負担していただきます。

16. 日本語以外で書かれた論文は受け付けません。図表も日本語で作成してください。

17. 実践的研究を実施する際に，倫理事項を遵守されるよう希望します（詳細は当社ホームページ（http://www.kongoshuppan.co.jp/）をご覧ください）。

18. 掲載後，論文のPDFファイルをお送りします。紙媒体の別刷が必要な場合は有料とします。

19. 掲載論文を電子媒体等に転載する際の二次使用権については当社が保留させていただきます。

20. 論文は，金剛出版「臨床心理学」編集部宛に電子メールにて送付してください（rinshin@kongoshuppan.co.jp）。ご不明な点は編集部までお問い合わせください。

（2017年3月10日改訂）

編集後記 Editor's Postscript

　本誌は第 20 巻第 1 号でトラウマケアについての特集を組んでいる。今回，わずか 1 年半後に関連のあるテーマを設定することにしたのは，やはり新型コロナウイルス感染拡大の影響が大きい。これまで私たちが薄々気付いていたが直視することを避けてきた，さまざまな分断が露呈している。報道によれば，自死した人の数は昨年度の同時期と比較して増加傾向にあるが，特に女性の増加率が高いという。またリモートワークが日常となるなかで，家族からの暴力被害を相談する女性の数も大幅に増えている。自閉を余儀なくされる暮らしや先行きの不透明さといった不安が，他者との共感ではなく，異質なものへの攻撃として現われている。

　こういう時期にトラウマの再演に苦しむサバイバーたちのことを想う。彼／彼女らがこれまで以上に生きるのが辛くならないよう出来ることは何かと考え，トラウマについて特に社会の有り様との関連で理解する人が増えることは，その一助になると思うに至った。執筆者たちはその期待に十分応える論考を寄せてくれた。編者としてはその言葉がサバイバーたちをはじめ，トラウマにふれる最前線で奮闘する援助者たちにも届くことを願っている。　　　　　　　　　　　　　　（大嶋栄子）

臨床心理学 第 21 巻第 4 号（通巻 124 号）

発行＝2021 年 7 月 10 日
定価 1,760 円（10％税込）／年間購読料 13,200 円（10％税込／含増刊号／送料不要）

発行所＝(株) 金剛出版／発行人＝立石正信／編集人＝藤井裕二
〒 112-0005　東京都文京区水道 1-5-16
Tel. 03-3815-6661／Fax. 03-3818-6848／振替口座 00120-6-34848
e-mail　rinshin@kongoshuppan.co.jp（編集）eigyo@kongoshuppan.co.jp（営業）
URL　https://www.kongoshuppan.co.jp/

装幀＝岩瀬 聡／印刷・製本＝音羽印刷

ユングの神経症概念

W・ギーゲリッヒ著／河合俊雄監訳
河合俊雄、猪股剛、北口雄一、小木曽由佳訳
定価4,400円（税込）

ユングの神経症概念を手がかりに心の病への新たな視点を示す。心理学の理論と実践を結ぶギーゲリッヒの重要著作、待望の邦訳。

ユング派分析家資格取得論文シリーズ　第1巻
現代のトリックスターと心理療法

田熊友紀子著
定価4,400円（税込）

多様なトリックスター像を独自に整理し、自験例の詳細な検討を通じて、心理臨床におけるトリックスターの再考／再興を試みる。

創元アーカイブス
芸術と創造的無意識

E・ノイマン著
氏原寛、野村美紀子訳
定価3,850円（税込）

集合的無意識の立場から創造的過程に鋭い分析を加え、現代人の心の状況を巨視的に展望する。

新装版
トラウマの現実に向き合う
ジャッジメントを手放すということ

水島広子著
定価1,650円（税込）

トラウマ治療において最も重要となる「治療者の姿勢」について多彩な観点から提言する。

アカデミア叢書
箱庭療法の治癒へのプロセス
異質な自分との出会いとこころの揺らぎ

不破早央里著
定価3,960円（税込）

連続した箱庭制作における主観的体験に焦点を当て、その力動とプロセスから治癒的要因を探る。

認知行動療法で「なりたい自分」になる
スッキリマインドのためのセルフケアワーク

高井祐子著
定価1,650円（税込）

つまづきやすいポイントをしっかりフォローしながら、あなたの「セルフケア」を丁寧にサポート。

メンタルヘルス・ファーストエイド
こころの応急処置マニュアルとその活用

B・キッチナーほか著
大塚耕太郎ほか編
メンタルヘルス・ファーストエイド・ジャパン訳著
定価3,960円（税込）

最新マニュアルの翻訳に加え、日本における活用例を収録。

ふたご研究シリーズ

【第1巻】
認知能力と学習

安藤寿康監修／敷島千鶴、平石界編
定価3,740円（税込）

双生児研究の全貌を紹介する世界に例のないシリーズの第1巻。研究の基本と認知能力を取り上げる。

【第3巻】
家庭環境と行動発達

安藤寿康監修／藤澤啓子、野嵜茉莉編
定価3,740円（税込）

人間の行動に対する遺伝と環境の多様な関わり合いを明らかにしながら「環境」の意味を問い直す。

〒541-0047　大阪市中央区淡路町 4-3-6
Tel.06-6231-9010 Fax.06-6233-3111

創元社
https://www.sogensha.co.jp/

〒101-0051　東京都千代田区神田神保町 1-2
田辺ビル　Tel.03-6811-0662

北大路書房

〒603-8303　京都市北区紫野十二坊町12-8
☎075-431-0361　FAX 075-431-9393
http://www.kitaohji.com

臨床心理 公認心理師のための「心理査定」講義
フロンティア

下山晴彦監修・編著　宮川　純・松田　修・国里愛彦編著　B5・224頁・3410円（税込）　心理的アセスメントの技法全体を包括的に学ぶ。パーソナリティ検査，症状評価尺度，発達検査をはじめ，様々な心理検査法の概要を整理。更には知能検査と神経心理学的検査を臨床場面でどう活用するのかも示す。

ACT実践家のための「コンパッションの科学」

ー心理的柔軟性を育むツールー　デニス・ターシュほか著　酒井美枝・嶋　大樹・武藤　崇監訳　伊藤義徳監修　A5・336頁・3960円（税込）　刺激に対するクライエントの感情・認知・行動的柔軟性を高めるACT。そこにコンパッションを取り入れた治療の新たな可能性を臨床例やワークシートと共に紹介。

心理臨床の親面接

ーカウンセラーの基本的視点ー　永井　撤著　四六・208頁・2640円（税込）　心理臨床の親面接では，子どもの問題解決のために親と協力関係を結びつつ，時として親自身の課題や病理にも向き合う複雑な対応がカウンセラーに求められる。流派にとらわれない基礎を説き，初心者から熟練者まで実践の視野を広げる必携の書。

認知行動療法における治療関係

ーセラピーを効果的に展開するための基本的態度と応答技術ー　S．ムーリー＆A．ラベンダー編　鈴木伸一監訳　A5・364頁・3740円（税込）　CBTのセラピストにとってこれまで意識の低かった治療関係について，セラピストの温かさ，誠実さ，共感性等が治療成績に及ぼす最新の知見を提示し，認識の変革を迫る。

公認心理師・臨床心理士のための福祉心理学入門

塩谷隼平・吉村夕里・川西智也著　A5・272頁・2750円（税込）　福祉の現場を児童・障害者・高齢者の三領域から概観し，各現場で働く心理職に役立つ手引書として，多職種連携による実践を成すための教養書として必須の知識や心得を網羅。かつ各現場における実践の魅力ややりがいを伝える。

忙しいお母さんとお父さんのためのマインドフルペアレンティング

ー子どもと自分を癒し，絆を強める子育てガイドー　スーザン・ボーゲルズ著　戸部浩美訳　四六・264頁・2750円（税込）　忙しくストレスフルな日常を過ごす親が，子どもといながらできる瞑想エクササイズを豊富に紹介。心理学者の著者が自らの子育てや親との実体験に触れながら，マインドフルネスを解説する。DL音声付。

メンタライジングによる子どもと親への支援

ー時間制限式MBT-Cのガイドー　N．ミッジリー・K．エンシンク・K．リンクビスト・N．マルバーグ・N．ミューラー著　上地雄一郎・西村　馨監訳　A5・320頁・4180円（税込）　短時間で効果をあげることが可能な時間制限式MBT-Cについて子どもの発達課題を考慮し体系的なサイコセラピーの全体像を詳述。

鬱は伝染る。

ー最もありふれた精神疾患は，どのように蔓延ったのか，どうすれば食い止められるのかー　M．D．ヤプコ著　福井義一監訳　定政由里子訳　A5・352頁・3960円（税込）　投薬は最善策か。抑うつの社会的文脈に着目し，洞察や行動パターンの変化こそが回復や予防になると説く。実践的エクササイズ付。

[三訂] 臨床心理アセスメントハンドブック
村上宣寛・村上千恵子著　2970円（税込）

マインドフルネスストレス低減法
J．カバットジン著／春木　豊訳　2420円（税込）

精神病と統合失調症の新しい理解
A．クック編／国重浩一・バーナード紫訳　3520円（税込）

樹木画テスト
高橋雅春・高橋依子著　1870円（税込）

実践家のための認知行動療法テクニックガイド
坂野雄二監修／鈴木伸一・神村栄一著　2750円（税込）

メンタライジング・アプローチ入門
上地雄一郎著　3960円（税込）

P-Fスタディ　アセスメント要領
秦　一士著　2860円（税込）

ポジティブ心理学を味わう
J．J．フロウ他編／島井哲志・福田早苗・亀島信也他監訳　2970円（税込）

ふだん使いのナラティヴ・セラピー
D．デンボロウ著／小森康永・奥野　光訳　3520円（税込）

新刊案内

Ψ金剛出版　〒112-0005　東京都文京区水道1-5-16　Tel. 03-3815-6661　Fax. 03-3818-6848
e-mail eigyo@kongoshuppan.co.jp　URL https://www.kongoshuppan.co.jp/

アンドレ・グリーン・レクチャー
ウィニコットと遊ぶ

[著] アンドレ・グリーン　[編] ジャン・アブラム
[訳] 鈴木智美　石橋大樹

「デッドマザー・コンプレックス」や「ネガティブの作業」の概念で知られているアンドレ・グリーンの5つの講義で構成された本書は，ウィニコットの研究をしているスクウィグル財団においてなされた講義をもとにしたものであり，ウィニコットの理論を現代精神分析における最も重要な概念へとさらに洗練させている。そして，ウィニコットを読むうえでの最良の解説書であるとともに，グリーン自身の難解な理論に関する入門書とも言えるものである。　　　　　　　　　　　　　　　　　　　　定価3,300円

ビオン・イン・ブエノスアイレス 1968

[著] ウィルフレッド・R・ビオン
[編] ジョゼフ・アグアヨ　リア・ピスティナー デ コルティナス　アグネス・レジェツキー
[監訳] 松木邦裕　[訳] 清野百合

本書は，ビオンが米国へ移住した1968年にブエノスアイレスで行ったセミナーの記録である。貴重なビオン自身によるケースプレゼンテーションが収録されており，ビオンのなまの臨床を読者は目の当たりにし，詳細なスーパーヴィジョンの記録によって，ビオンの臨床姿勢を存分に味わうことができる。講義形式の中では逆転移，投影同一化など馴染みのある概念から，コンテイナー／コンテインド理論，グリッド，「記憶なく欲望なく」などのビオン独自の概念までがわかりやすく解説されている。　　　　定価4,950円

子どもの精神分析的セラピストになること
実践と訓練をめぐる情動経験の物語

[監修] 木部則雄　平井正三
[編] 吉沢伸一　松本拓真　小笠原貴史

子どもに関わる臨床家がいかにして精神分析的セラピストになっていくのかを論じる。日本心理臨床学会における自主シンポジウムの記録を中核とし，2017年は「実践と訓練，そして情熱」，2018年は「出会いと変化，そしてやりがい」，2019年は「自分を生きることとセラピストになるということ」，これらが本書では第1部，第2部，第3部に対応する。　　　　定価3,080円

価格は10%税込です。

新刊案内

Ψ金剛出版　〒112-0005　東京都文京区水道1-5-16　Tel. 03-3815-6661　Fax. 03-3818-6848
e-mail eigyo@kongoshuppan.co.jp　URL https://www.kongoshuppan.co.jp/

CRAFT
ひきこもりの家族支援ワークブック
改訂第二版
共に生きるために家族ができること

［編著］境 泉洋

「日々の生活を共に生きる」という安心に基づく家族支援の視点から，安心できる関係づくりをめざし，加えて対応困難とされる発達障害のあるケースにも論及している。臨床心理士，公認心理師，精神科医，教育関係の援助職，あらゆる職種の方々が家族のコミュニケーション改善に取り組む際に有用な援助技法を解説したワークブック。　　　　　　　　　定価3,300円

アスペルガー症候群との
上手なつきあい方
パートナーを理解してつながる

［著］シンディ・N・アリエル　　［訳］あさぎ真那

ふたりの関係を改善して楽しめるものにするために，特性を学び，お互いの理解を深め，長所を活かして助け合うことが必要であると説き，そのための実行しやすいツールやテクニック，ふたりで取り組むワークなどを読者に紹介する。視覚的な記入シートや評価尺度を使用する手法が採り入れられ，どちらかにアスペルガー症候群をもつカップルだけでなく，パートナーとの親密な関係を望むすべての人に役立つ内容となっている。　　定価3,080円

SSTウォーミングアップ活動集 新訂増補版
社会的スキル学習を進めるために

［著］前田ケイ

本書では社会的スキル学習／ SST（social skills training）のグループに役立つ，いろいろなウォーミングアップ活動を紹介している。いずれも利用者に評判がよかったものばかりであり，エピソードの紹介，SSTのやり方，展開の仕方はこのうえも無く実践的である。また，SSTの効果的な実践応用にはグループ学習の展開に責任を持つ人をSSTリーダーの存在が不可欠である。そして援助者と当事者の相互作用によってグループの持つ力が引き出されるのである。好評を博した初版に，教育・福祉・矯正教育現場での応用可能性のヒントを付け加えた新装版登場。　　　　　　　定価2,640円

価格は10%税込です。

好評既刊

Ψ 金剛出版　〒112-0005　東京都文京区水道1-5-16　Tel. 03-3815-6661　Fax. 03-3818-6848
e-mail eigyo@kongoshuppan.co.jp　URL https://www.kongoshuppan.co.jp/

トラウマとアディクションからの回復
ベストな自分を見つけるための方法

[著]リサ・M・ナジャヴィッツ
[監訳]近藤あゆみ　松本俊彦　[訳]浅田仁子

本書の質問やエクササイズには，たとえ読者がひとりぼっちの部屋でこの本を開いていたとしても，信頼できる治療者やカウンセラーが傍らに腰かけてそっと支えてくれているような感覚を味わうことができるようにという願いが込められている。そして，全章にある体験談は，ときに険しく苦しい読者の回復の道を照らし続けてくれる希望の光である。このような意味で，本書自体に支援共同体としての役割が期待できるであろう。苦しむ人びとと家族，援助者のための実践的なワークブック。　　　　　　　　　定価4,620円

子ども虐待とトラウマケア
再トラウマ化を防ぐトラウマインフォームドケア

[著]亀岡智美

本書は長年，精神科臨床に携わってきた著者によって，子ども虐待とトラウマケアに必要なさまざまな視点や対処法が示されており，医療・保健・福祉・教育・司法といったあらゆる支援現場の方にとって指針となる必携の書である。各章は，被虐待児に起こるPTSDの諸症状やアセスメントのポイントから，何よりもまず念頭に置くことが求められるトラウマインフォームドケア，重要な治療プログラムとしてのTF-CBT，アタッチメントや発達障害との関連など，多岐にわたる臨床実践的視点から構成されている。

定価3,740円

あなたの苦しみを誰も知らない
トラウマと依存症からのリカバリーガイド

[著]クラウディア・ブラック
[監訳]水澤都加佐　[訳]会津　亘

アルコール，ギャンブル，ドラッグ，処方薬，セックス，恋愛などの依存症，身体・心理・性的虐待，ネグレクトなどによるトラウマは，「家族の病」とも言えるほど家族の影響が大きく，さらに「トラウマ＋依存症」の組み合わせは，とても強力な相互作用を及ぼしあい，ひとの人生を破壊するほどの力を持ち，家族・世代間で負の連鎖を起こしていく……。そんな苦しみから抜け出すために，「アダルトチルドレン」の生みの親であるクラウディア・ブラックが紡ぐリカバリーガイド。　　　　　　　　　定価3,080円

価格は10%税込です。